Siebler · Troia

D1875472

Michael Siebler

Troia

Mythos und Wirklichkeit

Mit 17 Abbildungen

Philipp Reclam jun.
Stuttgart

Umschlagabbildung:
Das troianische Pferd
Ausschnitt aus einem Reliefpithos
Mykonos, um 650–600 v. Chr.
© Deutsches Archäologisches Institut, Athen

Universal-Bibliothek Nr. 18130
Alle Rechte vorbehalten
© 2001 Philipp Reclam jun. GmbH & Co., Stuttgart
Gesamtherstellung: Reclam, Ditzingen, Printed in Germany 2002
RECLAM und UNIVERSAL-BIBLIOTHEK sind eingetragene Marken
der Philipp Reclam jun. GmbH & Co., Stuttgart
ISBN 3-15-018130-5

www.reclam.de

Inhalt

Vorwort 7

Einleitung 9

Der Hügel Hisarlik: ein Tell und sein Hafen 21
Der Troia-Mythos in der Antike 31
Die Troia-Rezeption im Mittelalter und in der Neuzeit 47
Heinrich Schliemann und die Ausgrabungen auf Hisarlik 55
Der »Schatz des Priamos« und andere Hortfunde – Beutekunst 67
Das Schicksal der Schliemann-Sammlungen 78
Homer: Der Dichter der *Ilias* 87
Die Rezeption Homers in der Antike 102
»Oral Poetry« und die Anfänge der Schrift bei den Griechen 115
Die historischen und kulturellen Voraussetzungen für die Entstehung der *Ilias* 123
Troia und mykenisches Griechenland in ägyptischen und hethitischen Schriftquellen 137
Die neuen Ausgrabungen in Troia 144
Troia VI/VIIa: Das homerische Troia in neuer Sicht 152
Die Frage nach der Historizität des bei Homer überlieferten Troianischen Krieges – Möglichkeiten und Grenzen 173
Die Zukunft Troias 184

Die Chronologie der Siedlungsschichten in Troia . . . 187
Literaturhinweise 189
Personenregister 196

Zum Autor 200

Vorwort

Der Mythos Troia mit all seinen Auswirkungen auf die abendländische Kultur, ihre Kunst, Dichtung, Musik und Geschichte hat nichts von seiner Strahlkraft eingebüßt. Kaum jemand, der sich einmal mit diesem Thema und seinen zahlreichen Facetten beschäftigt hat, kann sich der Faszination entziehen, deren Beginn Homer und sein Epos, die *Ilias*, begründeten. Das Schicksal der Helden, der Untergang der Stadt, die Rezeption des Mythos seit der Antike, die Ausgrabungen seit Heinrich Schliemann – alles das hat Menschen stets bewegt oder zu eigenem Nachdenken darüber angeregt, auch Wissenschaftler und Künstler.

Die neuen Ausgrabungen in Troia, die seit 1988 mit internationaler Beteiligung unter der Leitung des Tübinger Prähistorikers Manfred Korfmann durchgeführt werden, haben unsere Vorstellungen und Kenntnisse über die Stadt an den Dardanellen erheblich verändert und erweitert. Deshalb erscheint es durchaus sinnvoll, einem interessierten Publikum einen Zwischenbericht über die bisher gewonnenen Ergebnisse anzubieten. Es ist keine wissenschaftliche Abhandlung mit eigenen Forschungsansätzen – wenngleich auch einige wenige eigene Gedanken zum Thema eingeflossen sind –, sondern eine verständliche Synopsis der zum Thema Troia gehörenden Aspekte auf der Basis des aktuellen Forschungsstandes.

Zum Charakter einer solchen Darstellung gehört, dass einzelne Abschnitte nicht so ausführlich behandelt werden können, wie es sich der eine oder andere vielleicht wünscht, und auf manche Aspekte muss wegen des begrenzten Umfangs ganz verzichtet werden. So konnte etwa auf ausführlichere Beschreibungen derjenigen Schichten in Troia nicht näher eingegangen werden, die nicht primär mit der homerischen Ilios zusammenhängen. Dennoch hoffe ich, dem Leser ein schlüssiges und abgerundetes Bild der Forschungen zu vermitteln. Das Literaturverzeichnis jedenfalls bietet demjenigen, der sich weiter mit dem Thema befassen will, ausreichend Informationen über die wissenschaftlichen Publikationen.

Eine solche Veröffentlichung wie die vorliegende wäre nicht möglich ohne die großzügige Hilfe und Unterstützung derjenigen, die in der Troia- bzw. Homer-Forschung an vorderster Front stehen. So möchte ich vor allem Manfred Korfmann und Joachim Latacz herzlich danken für die vielen Gespräche, die ich mit ihnen in den vergangenen Jahren über das Thema führen konnte, für die zahlreichen Hinweise auf schwer zugängliche Spezialliteratur und auf eigene Forschungsansätze, die noch nicht publiziert sind. Wie viel ich diesen Begegnungen verdanke, ist dem Text kaum zu entnehmen, aber vielleicht spürt der Leser etwas von der Begeisterung für das Thema, die dabei immer wieder neu befeuert wurde.

Danken möchte ich auch den Freunden und Bekannten, die während der Abfassung des Manuskripts mein Verschwinden aus dem gemeinsamen Kreis mit Langmut und Verständnis begleitet haben. Und besonders danke ich meiner Frau, deren Fürsorge und Zuspruch mir trotz mancher Hindernisse diese Zeit hat leicht werden lassen.

Stadecken-Elsheim, Dezember 2000 *Michael Siebler*

Einleitung

Troia, Homer, Schliemann: Seit nunmehr gut 130 Jahren steht diese Trias für den wohl wirkungsmächtigsten Mythos des europäischen Abendlandes, bildet sie den Hintergrund für eines der faszinierendsten Kapitel der Wissenschaftsgeschichte, ist sie der Stoff für eines der großen Abenteuer in der Archäologie. Damals, im Jahr 1870, begann der mecklenburgische Kaufmann Heinrich Schliemann (1822–1890) seine Ausgrabungen auf Hisarlik, einem an der türkischen Westküste gelegenen Hügel. Hier, in Sichtweite der am Hellespont beginnenden Dardanellen, der Eingangspassage zum Schwarzen Meer und der zugleich günstigen Verbindung zwischen den Kontinenten Europa und Asien, wollte Schliemann nichts weniger als Troia finden, die »Heilige Ilios«, die Kulisse für das Epos Homers, das uns unter dem Titel *Ilias* überliefert ist.

Und er wurde fündig: Unter den Schuttmassen begraben lagen die Reste mehrerer Ansiedlungen längst vergangener Zeiten, unter denen einige sehr wohl als palastartige Residenzen einstiger Herrscher und ihrer Familien bezeichnet werden konnten. Für Schliemann gab es bald keinen Zweifel mehr, dass er unter und zwischen den teilweise meterhoch erhaltenen Mauer- und Architekturresten tatsächlich die Stadt des Königs Priamos gefunden hatte. Die Auffindung des großen Schatzes, der als »Schatz des Priamos« in die Geschichte eingegangen ist, konnte als letzte Bestätigung dafür gelten. Der wissenschaftliche Außenseiter hatte offenbar alle diejenigen Lügen gestraft, die vor ihm die Burg gesucht hatten, deren Untergang laut Homer durch das hölzerne Pferd besiegelt worden war.

Sein naiv anmutender, unbedingter Glaube an die Historizität dessen, was Homer im Epos schilderte, hatte ihm wider alle Gegenargumente aus berufenem Munde der Wissenschaft scheinbar Recht gegeben. Mit einem Mal schien der griechische Mythos vom Troianischen Krieg, dem gemeinsamen Zug der Achaier gegen die Feste des Priamos an der kleinasiatischen Westküste, als unumstößliche Realität der Vergangenheit, Homer als Künder historischer Ereignisse, dessen *Ilias* als Fundgrube geographischer, prosopographischer und antiquarischer Einzelheiten sowie geschichtlicher Fakten.

Die nunmehr von ihm gewonnene Beweiskette las sich ja auch so einfach wie logisch: Das griechische Nationalepos von Homer spielte im Troianischen Krieg, vor den Mauern der Stadt und in der umgebenden Landschaft. Schliemann vertraute Homers Schilderungen und fand das Troia, an das bereits die Antike fest geglaubt hatte. Weil er an Homer geglaubt hatte, fand Schliemann Troia. Also hatte Homer die Wahrheit erzählt, also hatte es auch den von ihm beschriebenen Troianischen Krieg gegeben. Streng genommen jedoch kündeten die von Schliemann freigelegten Ruinen zunächst nur von einem: Vom Aufstieg und Fall einer mächtigen Festung am Eingang zu den Dardanellen.

Ironie des Schicksals aber war, dass Heinrich Schliemann zwar an dem Ort Ausgrabungen unternahm, der seit der Antike als das Troia der *Ilias* galt, jedoch war seine Stadt des Priamos rund ein Jahrtausend älter als diejenige, die heute allgemein als das Troia Homers angesehen wird. Diesen Fehler musste er noch kurz vor seinem Tod am 26. Dezember 1890 erkennen. Die Freilegung und Untersuchung dieser Anlage blieb ihm verwehrt.

Aber trotz allen Widerspruchs gegen Schliemanns Argumentation musste die Welt erkennen, dass der Selfmademan mit seinen Ausgrabungen in Troia – und denen in Mykene, Tiryns und Orchomenos – das mythische Zeitalter der griechischen Heroen und der Helden Homers, die bis dahin nur in den Schriftquellen lebendig geblieben waren, ans Tageslicht und ins Blickfeld der Wissenschaft befördert hatte. Mit seinen Arbeiten legte er den Grundstein für die Archäologie der Bronzezeit im mediterranen Gebiet. Und mit dem Beginn der Ausgrabungen auf Hisarlik war jedenfalls die Jahrhunderte dauernde Suche in der Neuzeit nach Ilios, wie Troia auch hieß, zu Ende. Mit Schliemann begann die spektakulärste Wirkung des Mythos Troia, dessen Anfänge in der Antike liegen und der ja eigentlich mit Homers Dichtung selbst beginnt.

Am Anfang also war die *Ilias*. Diese Feststellung ist so einfach wie bedeutend. Ihr archetypisch anmutender Charakter darf durchaus mit dem ersten Satz der Genesis verglichen werden. Die 15693 überlieferten Hexameterverse dieser Dichtung sind das erste uns erhalten gebliebene Stück abendländischer Weltliteratur. Es ist wohl nicht vermessen, die *Ilias* als die Mutter der Lyrik, des Romans, der Tragödie und der Komödie, kurz: als die Keimzelle unserer Literaturgattungen zu bezeichnen. Bis heute ist die vielfältige Wirkung dieses Werks auf unsere Kulturgeschichte keineswegs ausgelotet. Und sie wird auch in der Zukunft noch Generationen von Forschern, Dichtern, Künstlern, Komponisten und Verfassern von Theaterstücken beschäftigen und inspirieren.

Schon kurz nach der Abfassung der *Ilias* in der zweiten Hälfte des achten Jahrhunderts vor Christus begann der faszinierende Siegeslauf dieses Werkes. Mit der schriftlichen Fixierung eines kleinen Ausschnittes aus dem Sagenkreis um den Untergang Troias legte Homer die Grundlagen für die Ausbildung des Mythos um Troia. Wir wissen heute, dass es vor Homer Geschichten von Troia gab, mit seiner Dichtung aber war ein »Stellungnahme forderndes Modell« entstanden, wie der Homerkenner Joachim Latacz einmal geschrieben hat. Der Streit zwischen Achilleus und Agamemnon, das Schicksal von Patroklos und Hektor, die Rolle des listenreichen Odysseus, das Verhalten von Paris und der schönen Helena und vieles mehr in diesem an Beziehungsgeflechten so reichen Opus – all das forderte nun von Lesern und Zuhörern eine Meinung, eine Stellungnahme. Und diese Herausforderung nahmen Dichter, Künstler und Eposkenner an. Ihnen verdanken wir Vasenbilder mit Darstellungen aus dem Mythos und antike Tragödien, und Vergils *Aeneis* gehört ebenso dazu wie Christa Wolfs *Kassandra*.

Aber es gab auch Unsicherheiten und kritische Fragen. So wusste man zum Beispiel schon in der Antike nicht – obwohl es keinen wirklichen Anlass zum Zweifel an der Geschichtlichkeit des Troianischen Kriegs gab –, wann genau die Griechen Ilios eroberten. Douris von Samos (etwa 340–270 v. Chr.), Historiker und seit 301 v. Chr. Tyrann der Insel, setzte den Untergang der Stadt im Jahr 1334 v. Chr. an. Der »Vater der Geschichtsschreibung«, Herodot von Halikarnassos (etwa 484–430 v. Chr.), glaubte an ein Ende um 1250 v. Chr. Ktesias von Knidos, ein Arzt und Historiker, der von 405 v. Chr. an als Leibarzt von Artaxerxes II. am persischen Königshof lebte, ließ das Unheil aus dem Bauch des hölzernen Pferdes um 1183 v. Chr. hervorbrechen. Auf das gleiche Datum kam Eratosthenes von Kyrene (etwa 295–200 v. Chr.), der Grammatiker und Leiter der berühmten Bibliothek von Alexandria in Ägypten war. Ephoros von Kyme, ein Historiker des vierten vorchristlichen Jahrhunderts, nennt das Jahr 1135 v. Chr. Die in Marmor gehauene griechische Chronik, der so genannte »Marmor Parium«, nennt sogar den Tag der Eroberung und Zerstörung Troias: den 5. Juni 1209 v. Chr.

Und nachdem das Wissen um die geographische Lage der Stadt im Mittelalter verloren gegangen war, Homers Epos also nur noch als dichterische Fiktion begriffen werden konnte, wurden auch Stimmen laut, die dem Dichter seine originale Leistung absprachen, ihn als ein Produkt der Phantasie abstempelten. Dieses, von Homerspezialisten im achtzehnten Jahrhundert aufgeschlagene Kapitel der Rezeptionsgeschichte ist in die Annalen der Wissenschaft als »Homerische Frage« eingegangen und mit dem Namen des Hallenser Professors Friedrich August Wolf verbunden.

Je länger und intensiver sich die Fachwelt und eine große Laienschar mit dem Troia-Mythos beschäftigten, desto mehr wurden auch Zweifel an dem ganzen Komplex laut, wurden Fragen aufgeworfen, auf die zunächst keine befriedigenden Antworten zu finden waren: Gab es den Troianischen Krieg, wie ihn Homer überliefert, oder ist er nur die eindrucksvolle Erfindung eines begabten Erzählers? Wird in den homerischen Werken die mykenische Welt der Bronzezeit besungen? Sind diese Dichtungen ein Spiegel von Homers eigener Gegenwart, der Adelswelt im achten Jahrhundert vor Christus, oder finden sich Spuren einer Vermischung beider Epochen, die durch die so genannten »dunklen Jahrhunderte«, während derer es in Griechenland keine Schrift mehr gab, voneinander getrennt waren?

Dieser Fraktion der Kritiker standen diejenigen gegenüber, die an der Realität Homers als Dichter der *Ilias* und an dem Wahrheitsgehalt der von ihm überlieferten Geschichte keinen Zweifel hegten. Zu diesen Positivisten zählte eben auch Heinrich Schliemann, der zeit seines Lebens bei dieser Einstellung blieb, auch wenn er letztlich nicht einen einzigen unumstößlichen Beweis dafür liefern konnte, dass auf Hisarlik einst das von Homer besungene Troia gestanden hatte. Seine in Troia begonnenen Ausgrabungen wurden zunächst von seinem Assistenten Wilhelm Dörpfeld (1853–1940) fortgesetzt, der bereits in Olympia Erfahrungen als Ausgräber hatte sammeln können. Ihm verdanken wir die auf Schliemanns Erkenntnissen aufbauende und bis heute übliche Einteilung der Kulturschichten im Hügel Hisarlik. Danach werden die Siedlungsanlagen von unten nach oben mit römischen Ziffern von I bis IX gezählt. Die älteste Anlage wird um 3000 v. Chr. datiert, Schicht IX wurde nach 85 v. Chr. von den Römern erbaut.

In den Jahren von 1932 bis 1938 unternahmen amerikanische Archäologen von der Universität in Cincinnati unter der Leitung von Carl William Blegen (1887–1971) hier erneut Ausgrabungen. Sie konnten die von Dörpfeld festgelegte Einteilung der Anlagen dank verfeinerter Methoden nochmals in mehrere eigenständige Siedlungshorizonte unterteilen, die sie jeweils mit einem klein geschriebenen Buchstaben des Alphabets bezeichneten. So konnten bis heute insgesamt 47 Bauphasen unterschieden werden. Der Hügel schien hinreichend erforscht. Man hatte zwar Hinweise dafür gefunden, dass es in der Bronzezeit mehrfach erhebliche Zerstörungen durch Kriege und Erdbeben gegeben hatte. Aber auch Blegen und seinen Mitarbeitern gelang es nicht, in den mehr als zwanzig Meter hoch erhaltenen, im Verlauf mehrerer Jahrtausende allmählich über- und nebeneinander gelagerten Resten von Befestigungsmauern, Toranlagen, Palästen und Wohnhäusern die gesuchte Bestätigung für die Angaben Homers zu finden. Dennoch war er wie seine Vorgänger davon überzeugt, dass bei Homer zumindest der Reflex einer historischen Auseinandersetzung zwischen mykenischen Griechen und Troianern erhalten ist. Während Dörpfeld Troia VI für die in der *Ilias* erwähnte Stadt hielt, glaubte Blegen diese in der Schicht Troia VIIa gefunden zu haben.

Doch der Troia-Mythos wirkte weiter, hielt viele Homerbegeisterte in Atem und war für Forscher aus den Klassischen Altertumswissenschaften weiterhin eine sprudelnde Quelle für zahlreiche Untersuchungen. Ein Meilenstein war dann die Entzifferung der so genannten Linear-B-Schrift aus der Bronzezeit durch den englischen Architekten Michael

Ventris. Damit war der Beweis erbracht, dass die Herren von Mykene und Pylos, wo gemäß der mythischen Überlieferung Agamemnon und der weise Nestor regiert hatten, griechisch sprachen. Zudem erhellte die Wissenschaft die Nacht der »dunklen Jahrhunderte«, die sich nach dem Zusammenbruch der mykenischen Palastkultur über das Land gelegt hatten. Bald war klar, dass diese Jahrhunderte so dunkel gar nicht waren, sondern dass Homer in einer langen Tradition stand, die er nicht selbst erst mit seiner Dichtung geschaffen hatte, die also keineswegs fiktiv war.

Die Erwartungen waren also groß, als im Sommer 1988, nach einem halben Jahrhundert der Ruhe auf Hisarlik, Archäologen dort erneut den Spaten ansetzten. Diesmal standen die Ausgrabungen unter der Leitung des Tübinger Prähistorikers Manfred Korfmann. Mit einem international besetzten Grabungsteam, zu dem auch von Anfang an Vertreter der Naturwissenschaften gehörten, mit modernstem technischen Gerät und neuestem Computerequipment ausgestattet, rückte er dem »Schicksalsberg der Archäologie« zu Leibe. Offene Fragen gab es ja zuhauf, zu lösende Aufgaben genug. Und Hoffnung auf Erfolg der auf mehrere Jahre veranschlagten Unternehmung versprach der bis dahin deutlich fortgeschrittene Wissensstand.

Kaum jemand konnte damals ahnen, dass sich innerhalb weniger Jahre unsere Vorstellung von Troia geradezu grundlegend ändern sollte, dass seine kulturelle und historische Bedeutung innerhalb der Jahrtausende währenden Besiedlung schier neu beschrieben werden musste und wie erfolgreich die gewonnenen Grabungsergebnisse – Enzymen gleich – in anderen Wissenschaften wirken würden. Das gilt für die Auseinandersetzung in der Homerforschung ebenso wie für die Diskussionen beispielsweise in der Metallurgie, der Hethitologie, der Wirtschafts- und der Wissenschaftsgeschichte. Daneben avancierte unter der Überschrift »Beutekunst« das Parkett der internationalen Diplomatie zu einem Nebenkriegsschauplatz, nachdem 1993 der seit Ende des Zweiten Weltkriegs als verschollen geltende »Schatz des Priamos« und andere wertvolle Hortfunde, die Schliemann bei seinen Ausgrabungen zwischen 1873 und 1890 in Troia gemacht hatte, aus den Verstecken des Puschkin-Museums in Moskau ans Tageslicht geholt worden waren.

So ist die Feststellung erlaubt, dass es zurzeit wohl keine archäologische Grabung gibt, deren Ergebnisse in so wenigen Jahren ein lange bestehendes Bild derart umfassend korrigiert beziehungsweise ergänzt und in grundlegenden Fragen neue Antworten ermöglicht hat wie die in Troia. Dieser Erfolg ist nicht zuletzt in der so einfachen, für die Methode der Untersuchungen aber bedeutenden Fragestellung zu suchen, mit der Korfmann an den Burgberg heranging – vom Glück des Tüchtigen einmal abgesehen.

Er kam nicht in die Landschaft Troas und nach Troia, um mit neuen Argumenten in die weiterhin kontrovers geführte Debatte um die Historizität des Troianischen Kriegs einzugreifen, wie das gut ein Jahrhundert vor ihm Heinrich Schliemann getan hatte. Korfmann näherte sich Hisarlik vom anatolischen Hochland aus. Dort hatte er in Demircihüyük eine fünftausend Jahre alte Siedlung ausgegraben. Nun wollte er an der Nahtstelle von Europa und Asien den Platz erkunden, der offenkundig schon seit dem dritten vorchristlichen Jahrtausend – also lange vor dem Eintreffen der ersten Griechen – eine in der damaligen Welt grandiose Schlüsselfunktion hatte als Knotenpunkt für weit verzweigte Handelsrouten. Die Bedeutung dieses kulturellen Schmelztiegels internationaler Dimension im Machtgefüge der Vorzeit und ihrer Weltwirtschaft war unzweifelhaft. Erstmals in seiner Geschichte wurde der rund 37 Meter hohe Hügel lediglich als – wenngleich natürlich hoch bedeutendes – Bodendenkmal betrachtet, frei von jeder historisch-mythischen Qualifizierung.

Der seit Homer graecozentrierte Blick auf Troia wurde von einer Sicht »ex oriente« abgelöst. Deshalb hatten Korfmann und sein Team zunächst die ewigen Fragen nach den historischen Inhalten der homerischen Epen ausgeblendet. Selbstredend jedoch, dass dies nicht lange so bleiben konnte. Wer an dem Ort arbeitete, der spätestens seit den Griechen als das Bollwerk galt, vor dessen Mauern sich die Schicksale von Hektor und Achilleus sowie vieler anderer Helden erfüllte, das als Spielball der Götter erst nach zehn Jahren und nur durch List erobert worden war, der konnte der Aura des Platzes und dem hier wirkenden Mythos nicht entgehen.

Es mag eine weitere Ironie des Schicksals sein, dass ausgerechnet die Grabungsergebnisse selbst es waren, die den ausgeklammerten Komplex »Homer« sehr schnell wieder zu einem zentralen Punkt des Geschehens machten. Die bronzezeitlichen Anlagen Troia VI und VIIa, deren Untergang immer mit dem Troianischen Krieg in Zusammenhang gebracht wurden, bargen erstaunliche Überraschungen. Jahr für Jahr konnte Stück für Stück in das riesige Puzzle der Stadtanlage eingefügt werden, deren Erscheinungsbild sich bis heute gründlich verändert hat.

Wer 1988 auf dem rund 150 mal 200 Meter großen Hügel stand, konnte sich – wenn er ehrlich war – so gar nicht vorstellen, dass hier das Machtzentrum eines großen Gegners der Herrscher von Mykene, Tiryns oder Pylos gelegen haben sollte; gegenüber den bekannten kyklopischen Mauern der Burgen in Griechenland und deren Ausdehnung geriet Troia eindeutig ins Hintertreffen. Troia, so musste der Besucher annehmen, beschränkte sich offenbar auf das Areal hinter den freigelegten imposanten Mauern seiner sechsten Besiedlungsphase.

Aber die Archäologen fanden heraus, womit zunächst kaum jemand gerechnet hatte: Vor diesen imposanten Mauern erstreckte sich in südlicher Richtung bis in eine Entfernung von etwa fünfhundert Metern eine weitläufige Unterstadt mit Verteidigungsgraben, Toranlagen und eigenem Mauerring. Troias Siedlungsfläche vergrößerte sich binnen weniger Jahre um mehr als das Zehnfache auf etwa 270 000 Quadratmeter. Mit einem Mal war aus einer kleinen Siedlung eine Residenz- und Handelsstadt mit eigenem Regierungsviertel auf der mauerumwehrten Zitadelle geworden, die einst Lebensraum für bis zu zehntausend Menschen geboten haben mag.

Für die späte Bronzezeit ist in weitem Umkreis bislang kein Macht- und Wirtschaftszentrum bekannt geworden, das einem Vergleich mit Troia standhalten kann. Plan und Umfang der Stadt, ihre Mauern aus Stein mit Lehmziegelaufbau verweisen klar auf Stadtanlagen des vorderasiatischen Kulturbereichs als Vorbilder. So galt es Abschied zu nehmen von der fast drei Jahrtausende dauernden, kulturgeschichtlich bedingten und auf Homer basierenden, westlich geprägten Sicht auf Troia. Eine weitere Sensation folgte bald und untermauerte die neue Sicht der Dinge am Hellespont: Das bis dahin »sprachlose« Troia – sieht man von einem Keramikfragment mit Linear-A-Schriftzeichen einmal ab, das schon Schliemann gefunden hatte – erhob seine Stimme. Und die war nicht griechisch. Ein kleines bikonvexes Siegel brach das Schweigen, auf dessen einer Seite in hethitisch-luwischen Hieroglyphen eine Frau genannt, auf der anderen Seite ein Mann ausdrücklich als »Schreiber« bezeichnet wird.

Was im Grunde eine Selbstverständlichkeit war, aber ohne Beweis gern vergessen wurde, hatte nun einen Zeugen: Auch in Troia gab es Schrift. Die Stadt und ihr Umland müssen von Menschen bevölkert gewesen sein, die schreiben und lesen konnten; schließlich trieb man Handel mit den mykenischen Griechen, die in Linear-B-Griechisch schrieben, und die Hethiter waren Nachbarn. Ob das Luwische die Sprache der

Troianer war, muss vorerst dahingestellt bleiben. Aber an einem derart internationalen Ort ist sie als bekannt vorauszusetzen.

Mit diesem Fund bekamen schon früher geäußerte Vermutungen über Verbindungen zum anatolischen Hinterland, konkret: zum Reich der Hethiter, neue Nahrung. Wie auch immer geartete Beziehungen der Herrscher an den Dardanellen zu den in Hattusa regierenden Hethiterkönigen lagen auf der Hand. Dieser Schluss ergab sich zwingend aus der einmaligen strategischen Lage am Eingang zur Schiffspassage ins Schwarze Meer und aus der geographischen Nähe zur Kapitale der Hethiter. Plötzlich sahen auf den Plan gerufene Forscher längst bekannte Schriftquellen aus den hethitischen Palastarchiven in einem neuen Licht. Und das Unglaubliche gelang. Die Identifizierung Hisarliks als das homerische Troia konnte gesichert werden, und zwar mit Hilfe von Schriftquellen, die nichts mit Homer zu tun haben. Die *Ilias*, so hat es Joachim Latacz kürzlich formuliert, war damit nun nicht mehr allein eine Dichtung und ein Stück Weltliteratur, sondern sie war zur historischen Quelle avanciert.

Im Lichte dieser und anderer Erkenntnisse, die mit den neuen Ausgrabungen in Troia möglich wurden, gerieten die Gegner eines historischen Substrats in den homerischen Epen mit ihren Argumenten immer stärker in die Defensive, standen sie zusehends mit dem Rücken an der Wand. Und so mancher ist unter dem Eindruck der teilweise erdrückenden Beweise vom Saulus zum Paulus geworden. Das Verhältnis von Troia und Homer kann neu bewertet, die Frage nach den historischen Elementen in der *Ilias* neu gestellt werden – mit der berechtigten Hoffnung auf klare Antworten.

Aber auch die Bedeutung des Platzes im dritten Jahrtausend vor Christus ist jetzt mit Hilfe der archäologischen Befunde richtig zu erkennen und einzuschätzen. Die Forschungen auf Hisarlik, aber auch in den Studierstuben und in den wissenschaftlichen Laboren gehen weiter. Und sicher werden die Fachleute auch künftig neue Fragen stellen und Antworten darauf finden. Der Gang der Wissenschaft erfordert immer wieder ein Innehalten, einen Zwischenbericht über das bisher Erreichte. Ein Ende des Weges ist am Horizont nicht auszumachen. Aber es lohnt am Beginn eines neuen Jahrtausends und nach 130 Jahren archäologischer Forschung auf Hisarlik, eine Zwischenbilanz der Erkenntnisse am »Schicksalsberg der Archäologie« zu ziehen. Das vorliegende Buch versucht dazu einen Beitrag zu leisten.

Der Hügel Hisarlik: ein Tell und sein Hafen

Für die Griechen und Römer der Antike gab es keinen Zweifel. Das Troia der homerischen Epen lag an der Westküste Kleinasiens, dort, wo sich der Hügel Hisarlik – der Name bedeutet »Kleine Burg« – aus der Ebene erhebt. Er ist der Ausläufer eines Kalksteinplateaus, gelegen zwischen den Tälern des Menderes und des Dümrek, jener beiden Flüsse, die als Skamander und Simoeis durch Homer berühmt wurden. Nach Norden und Westen fällt das Plateau relativ steil zur Ebene ab. Vom höchsten Punkt des etwa 150 mal 200 Meter großen Ruinenhügels aus hat der Besucher einen guten Blick auf die etwa sechs Kilometer entfernte Küste der Ägäis und die rund viereinhalb Kilometer weit gelegenen Dardanellen, der Zufahrt für Schiffe auf ihrem Weg ins Schwarze Meer.

Dieser Ausblick führt jedem Besucher deutlich die strategisch ungemein günstige Lage Hisarliks vor Augen. Geomorphologische Untersuchungen mittels Bohrungen im Küstenbereich während der neuen Ausgrabungen haben zudem gezeigt, dass die Uferlinie in spätmykenischer Zeit im Norden, Westen und Südwesten zwischen weniger als einem und rund drei Kilometer vor die Mauern der Stadt reichte. Wer Herr dieses Plateaus und der sich davor ausbreitenden Ebene war, konnte von hier aus ohne Probleme den gesamten Schiffsverkehr durch die Meerenge überwachen; kein noch so kleiner Kahn konnte unbemerkt in die Dardanellen einfahren. Kein Wunder also, wenn sich schon sehr früh Menschen in dieser Gegend niederließen; schließlich lag die kürzeste Wasserverbindung zwischen Europa und Asien direkt vor der Haustüre. Die ältesten

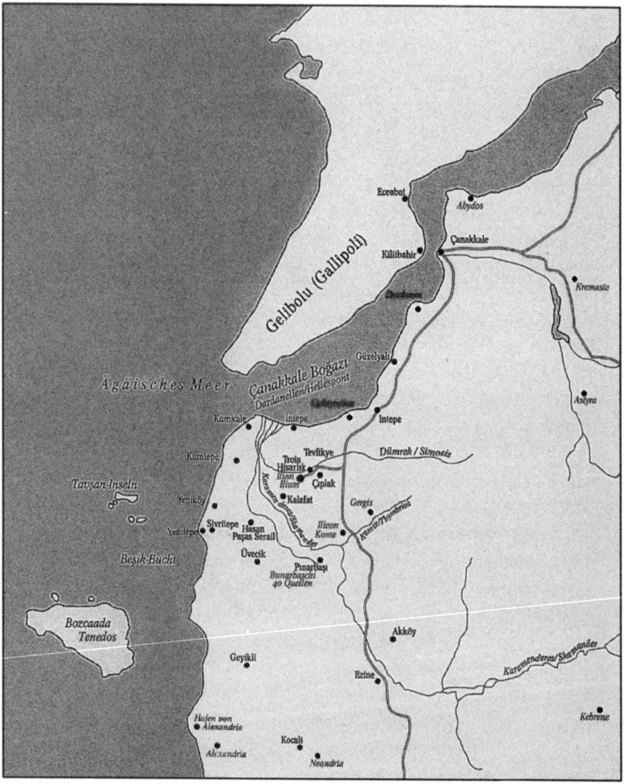

Karte der Skamander-Ebene und der Besik-Bucht

(aus: Birgit Brandau, *Troia Eine Stadt und ihr Mythos*, Bergisch Gladbach: Lübbe, 1997)

Siedlungsspuren reichen weit zurück ins vierte Jahrtausend vor Christus.

Die Ausgrabungen von Schliemann, Dörpfeld, Blegen und auch vom Team Korfmanns haben das Aussehen Hisarliks stark verändert. Wer heute den Burgberg besucht, ist zunächst einmal verwirrt vom Durcheinander und Übereinander der unterschiedlich hoch erhaltenen und in verschiedenen Techniken gebauten Befestigungsmauern und Hausfundamente, der Steinrampen, Theater und Brunnenanlagen. Diese Zusammendrängung von Bauten aus vier Jahrtausenden auf so kleiner Fläche erschwert die Orientierung, das Erkennen, welcher Mauerzug zu welcher Siedlungsstufe gehört.

Hisarlik, ein prähistorischer Siedlungshügel

Die Frage des Laien, wie ein solches Wirrwarr von Bauten über einen so langen Zeitraum überhaupt möglich ist, findet ihre Antwort in einer typischen vorgeschichtlichen Siedlungsform und in der wechselvollen, individuellen Geschichte des Hügels. Hisarlik gehört zu der Gruppe menschlicher Ansiedlungen, die Archäologen als Tell (arabisch), Hüyük (türkisch), Tepe (persisch) oder Magula (makedonisch) bezeichnen, was Hügel bedeutet.

Tells sind künstliche Erhebungen, die dann entstehen, wenn Menschen lange Zeit an einem Ort leben und für ihre Bauten vornehmlich luftgetrocknete Lehmziegel verwenden. Solche Lehmziegelmauern, die über einem Fundament aus Bruchsteinen hochgezogen wurden, hielten naturgemäß nur wenige Jahrzehnte. Danach mussten sie erneuert werden. Deshalb kam es in mehr oder weniger regelmäßigen Zeitabständen immer wieder zu Einplanierungen alter Gebäude, über denen dann Neubauten errichtet wurden. Aber auch gewaltsame Zerstörungen durch Kriege und Erdbeben konnten das Einebnen einer Siedlungsschicht notwendig machen.

Selbstverständlich kamen in solchen Schutt- und Zerstörungsschichten auch weggeworfene oder unbrauchbar gewordene Gegenstände des täglichen Lebens unter die Erde. Dazu gehörten sämtliche Arten von Keramik – vom einfachen Kochgeschirr bis zum kunstvoll verzierten Vorratsgefäß –, aber auch Waffen, Fragmente beschädigter Kunstwerke, verlorene oder verborgene Schmuckstücke sowie andere Geräte aus Edelmetall oder wertvollen Materialien. Die wohl bekannteste Planierung eines Platzes ist die der Akropolis in Athen nach der Zerstörung durch die Perser am Vorabend der Schlacht bei Salamis im Jahr 480 v. Chr. Über den Trümmern entstand unter Perikles und seinen Nachfolgern gleichsam aus der Asche der Burgberg wieder neu und in bis dahin nicht gekannter Pracht; mit all den Tempeln und Gebäuden, die heute als die Vertreter der Klassischen Baukunst schlechthin gelten: Parthenon, Propyläen, Erechtheion und Niketempelchen.

Im Laufe der Generationen wurden die neuen Siedlungen auf einem Tell in immer größerer Höhe über den frühesten Bauten angelegt, die ihre einstigen Bewohner unmittelbar auf dem gewachsenen Boden errichtet hatten. Gleichzeitig vergrößerten sich die bebaubaren Areale, da der entstandene Abraum an die Ränder und über sie hinaus geschoben worden war. Die Menschen wohnten sich im Laufe der Jahrhunderte gleichsam »in die Höhe« und »in die Breite«. In der Aufsicht auf einen solchen künstlich entstandenen Siedlungshügel können sich die Schichten wie Jahresringe bei Bäumen von innen nach außen an die älteren Schichten anschließen – das beispielsweise ist in Hisarlik der Fall. Andererseits konnten Fundamente von Befestigungsmauern oder Häusern in die älteren Schichten eingetieft sein. Das ist die Erklärung für das verwirrende »Nebeneinander« von Bauwerken unterschiedlichen Alters.

Wertvoll für die Stratigraphie und die Chronologie des Ortes

Für den Archäologen sind solche Siedlungshügel wertvolle Fundgruben. Bis zum Beginn der Ausgrabung versiegelt, ermöglicht das sorgfältige Abtragen der übereinander liegenden Schichten eine Vielzahl von Erkenntnissen zur Chronologie des Ortes und zur Geschichte seiner Bewohner. Im vertikalen Schnitt durch einen Tell sind die einzelnen Schichten – Strata genannt (Singular: Stratum) – den Seiten eines Buches vergleichbar, dessen erstes Kapitel auf dem gewachsenen Boden beginnt. Die Untersuchung und Interpretation eines solchen Grabungsschnittes durch ein Paket von Siedlungsschichten nennen die Archäologen Stratigraphie. Was heute selbstverständlich von jedem Ausgräber beherrscht werden muss, und was ihm bereits in den ersten Semestern seines Studiums als Rüstzeug vermittelt wird, das hatte Schliemann erstmals in Hisarlik erkannt und erprobt, später in Mykene ausgebaut und im Laufe der Zeit verfeinert. Sein Nachfolger Dörpfeld hatte an der Ausbildung dieser Untersuchungsmethode einen maßgeblichen Anteil.

Ein Unglück für die Erforschung Hisarliks war die großflächige Planierung des Hügels für den Bau des Athenatempels durch die Griechen und später durch die Römer, nachdem die Soldaten des Sulla-Gegners Flavius Fimbria die griechische Stadt Ilion im Jahr 85 v. Chr. zerstört hatten. Zwar wurde Ilion als Ilium größer und prächtiger wieder aufgebaut, aber für den etwa 9500 Quadratmeter großen Heiligen Bezirk der Stadtgöttin Athena trug man weiter die Akropolis des Hügels ab. Damit waren alle darunter liegenden älteren Schlichten gleichsam abrasiert. Der Verlust für die Wissenschaft durch diese Maßnahme ist groß, denn in den verlorenen Schichtabschnitten waren mit Sicherheit die Reste zahlreicher Bauten von Troia VI erhalten, das die größte Machtfülle und kulturelle Blüte an diesem Ort repräsentierte und das noch immer oder wieder als die Stadt angesehen wird, die in der *Ilias* besungen wird.

Der Hafen von Troia in der Besik-Bucht

Die Herren auf Hisarlik hatten selbstverständlich auch einen Hafen, in dem ihre Kriegsflotte ankerte und auch Handelsschiffe ihre Ladung löschen konnten, die eigenen ebenso wie fremde. Schliemann und Dörpfeld vermuteten die entsprechenden Anlagen im Norden der Burg, also direkt hinter der Einfahrt in die Dardanellen. Siebenmal nennt die *Ilias* das »Lager in der Ebene am Hellespont«. Einzig die Formulierung »am Hellespont« war der Grund für die Vermutung, das Lager müsse im Norden lokalisiert werden. Aber bereits 1898 hatte Wilhelm Sieglin nachweisen können, dass mit der Bezeichnung Hellespont nicht allein die Meerstraße selbst gemeint war, sondern »nach Westen das Thrakische Meer, nach Osten die Propontis mit umfasste«. Und im sechsten Jahrhundert berichtet Stephanos von Byzanz, dass die Insel Tenedos »im Hellespont« liege.

Bereits 1924 stellte eine Expedition in der südwestlich von Troia gelegenen Besik-Bucht fest, dass diese im Lauf der Zeit verlandet war. Korfmann konnte diese Feststellung mit den neuen Bohrungen und mittels Geländebegehungen bestätigen und folgerte, »daß die 4 km breite und 3 km tiefe, heute verlandete Bucht als günstiger Ankerplatz für prähistorische (und historische) Schiffe angesehen werden kann und auch auf Grund der historischen und nun auch der neuen archäologischen Belege angesehen werden muß«. Geologische Untersuchungen haben ergeben, dass das Ufer im vierten vorchristlichen Jahrtausend rund eineinhalb Kilometer weit landeinwärts reichte, und im zweiten Jahrtausend vor Christus verlief der Strand immerhin noch achthundert Meter

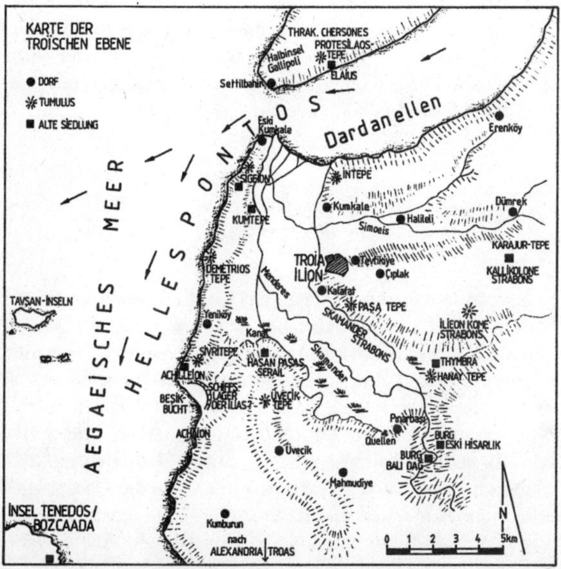

Karte der Troischen Ebene

© Universität Tübingen, Troia-Pojekt

weiter im Landesinneren. Dieser ehemalige Küstenverlauf ist heute noch an einer leichten Erhebung nachvollziehbar, auf der eine Reihe von Eichenbäumen steht.

Für die Identifizierung der Besik-Bucht als dem Hafen Troias sprechen noch weitere Gründe. Bis zur Mündung in die Dardanellen gibt es an der Steilküste keinen anderen Anlegeplatz mehr. Treffend und mit Recht hat Latacz deshalb die Besik-Bucht einmal als »letzte Tankstelle vor der Autobahn« bezeichnet. Vor zwanzig Jahren konnten hier nach fünf regenlosen Sommermonaten noch sechs Quellen lokalisiert werden, die insgesamt noch 48 Liter Wasser in der Minute ausstießen. An der nördlich gelegenen Skamandermündung dagegen gab und gibt es kein Trinkwasser – die einstmals sumpfige Gegend dort garantierte lediglich eine regelmäßige Stechmückenplage.

Der letzte Ankerplatz vor der Einfahrt in die Dardanellen

Das wohl schlagendste Argument für die Lokalisierung des Hafens in der Besik-Bucht aber ist ihr Wert für die Nautik von der Vorgeschichte bis in die Neuzeit. Aus den Dardanellen heraus driftet eine Strömung, die bis zu neun Kilometer in der Stunde erreichen kann. Außerdem bläst ein starker Nordostwind, der im Durchschnitt immerhin eine Stärke von bis zu 16,2 Kilometer in der Stunde hat. Beides, Strömung und Wind, erschwert eine Einfahrt in die Dardanellen erheblich. Nur selten und dann auch nur für kurze Zeit gab und gibt es die Südwest- und Südostwinde, die eine Einfahrt erleichtern oder ermöglichen. Akribisch betriebene klimatische Untersuchungen an den Dardanellen haben gezeigt, dass mit diesen günstigen Winden fast ausschließlich nur zwischen April und Juni gerechnet werden kann. Berücksichtigt man, dass das Segeln gegen den Wind in der Bronzezeit und auch lange Zeit danach noch nicht üblich war, dann versteht sich von selbst, dass eine mykenische Streitmacht oder friedliche Händler mit ihren Schiffen nur in der Besik-Bucht hatten vor Anker gehen können.

Diese Feststellung verdeutlicht noch einmal die ungemein günstige strategische Lage Troias bei der Überwachung der Schiffspassage durch die Dardanellen. In der Ägäisbucht mussten die Schiffe auf die günstigen Winde warten. Den Händlern blieb nichts anderes übrig, als mit ihrer Fracht am Strand auszuharren, und für diese Wartezeit wohl entsprechende Abgaben an die Troianer zu leisten – von den Kosten für Verpflegung einmal ganz abgesehen. Eine andere Möglichkeit bestand darin, die Waren, ebenfalls kostenpflichtig, über Land transportieren zu lassen, wenn nicht sogar noch die Schiffe dazu über Land zu ziehen; an Transportmitteln wird es dem sprichwörtlich an Pferden reichen Troia sicher nicht gemangelt haben. Wie auch immer, die topographische Lage ihrer Stadt und die einmaligen Bedingungen der Natur für die Schifffahrt sicherten den Troianern stets hohen Profit.

Der Wind also brachte Troia seinen Reichtum. Diese Tatsache erklärt denn auch zur Genüge, warum diese Festung an der Wasserstraße zum Schwarzen Meer Jahrtausende hindurch eine herausragende Stellung einnehmen konnte und ohne Zweifel vielen Nachbarn oder Völkern, die ein Interesse an der Passage hatten, ein Dorn im Auge gewesen sein muss. In dieser strategischen Dominanz sind die Ursachen für die zahlreichen Troianischen Kriege zu suchen, deren Spuren auf Hisarlik gefunden wurden. Eine ähnlich glückliche Lage zwischen zwei Meeren hatte Korinth auf der Peloponnes. Auch seine Handelsmacht war während der archaischen Zeit dominant, der durch die günstige Situation angesammelte Reichtum entsprechend groß; die korinthische Keramik des siebten Jahrhunderts vor Christus hatte einen Namen in der antiken Welt. Die spätere Vormachtstellung Athens in Griechenland lag damals noch in weiter Ferne.

Der Troia-Mythos in der Antike

Für den Menschen der griechisch-römischen Antike stand fest, dass auf dem heute Hisarlik benannten Hügel einst der Palast des Priamos stand. Hier hatte sich das von den Göttern beschlossene Schicksal Troias erfüllt. Die heldenhafte Vergangenheit manifestierte sich in den imposanten Ruinen mit ihren noch mehrere Meter hoch erhaltenen Resten der Befestigungsmauer, die in den Augen der ersten griechischen Kolonisten in Kleinasien stummes Zeugnis ablegten vom einstigen Glanz der untergegangenen Stadt, von Macht und kriegerischer Zerstörung. Homers Dichtung hatte an diesem Ort seine reale Kulisse gefunden. Die Neuankömmlinge, die sich hier nach langen Jahren erstmals wieder niederließen, waren sich dessen sicher.

Zunächst anscheinend noch eine kleine und unbedeutende Siedlung mit entsprechendem Umland, wurden Hisarlik und seine Umgebung im Laufe der Jahrhunderte zu regelrechten Wallfahrtsstätten für Troia-Pilger aus allen Himmelsrichtungen der Alten Welt. Kaiser und Könige, Feldherren und Weltenherrscher sowie an der heroischen Vergangenheit des Ortes interessierte Reisende suchten hier die Plätze auf, die ihrer Meinung nach Homer besungen hatte, und die für die mythische Überlieferung der griechischen Frühgeschichte von so herausragender Bedeutung waren. Bald zehrten die Bewohner wohl vornehmlich von dem Ruhm, an diesem berühmten Platz zu leben, konnte man damals ja unter anderem noch Teile der Befestigungsmauer von Troia VI vorweisen, wie die neuen Grabungen belegen konnten. Die Eigendynamik, die der Mythos um Troia offenbar schon sehr früh entwickelte, war schier unglaublich. Er diente der Selbstverherrlichung, als Rechtfertigung für neue Kriege und zur Untermauerung von Herrschaftsansprüchen. Damit wurde er auch in die politische Auseinandersetzungen hineingezogen.

Mindestens ins frühe siebte Jahrhundert vor Christus kann die Überlieferung datiert werden, nach der die Einwohner der griechischen Landschaft Lokris alljährlich zwei Jungfrauen adeliger Abstammung als Tempelsklavinnen der Athena nach Troia schicken mussten, als Sühne für einen Frevel des Aias. Dieser hatte bei der Eroberung der Stadt des Priamos dessen Tochter Kassandra vom Altar der Göttin weggezerrt, obwohl sie dort Schutz gesucht hatte.

Thukydides

Auch der Historiker Thukydides (etwa 455–400 v. Chr.), mit dessen Namen wir heute den Beginn der kritischen Geschichtsschreibung verbinden, war davon überzeugt, dass der bei Homer überlieferte Troianische Krieg tatsächlich ein historisches Ereignis war. In den einleitenden Kapiteln zu seiner Geschichte des Peloponnesischen Kriegs – jener fundamentalen Auseinandersetzung zwischen den beiden Großmächten Athen und Sparta in den Jahren zwischen 431 und 404 v. Chr. – bezeichnet der Autor den Troianischen Krieg als erste Gemeinschaftsunternehmung der Hellenen gegen einen auswärtigen Feind. Es ist schon bemerkenswert, dass ausgerechnet ein so kritischer, ja aufgeklärt scheinender Autor die Historizität des Krieges anerkennt, diesen als geschichtliche Realität betrachtet. Dabei beurteilte Thukydides die Frühgeschichte Griechenlands doch durchaus distanziert und mit großen Vorbehalten, wenn er seine Leser in einem seiner »Methoden-Kapitel« daran erinnert, dass die Menschen alle »Nachrichten von Früherem, auch was im eigenen

Land geschah, gleich ungeprüft voneinander« annehmen. Und weiter: »unbemüht sind die meisten in der Erforschung der Wahrheit und bleiben lieber bei den herkömmlichen Meinungen.« (Thukydides 1,20)

Thukydides behandelt die mythische Überlieferung im allgemeinen und Homer im besonderen durchaus mit Skepsis, doch das Faktum einer einstigen Auseinandersetzung zwischen Griechen und Troianern bleibt davon unberührt. Dieser Krieg hat seinen festen Platz im historischen Abriss seines Werkes, wenngleich er diesem Ereignis nicht den bei Homer überlieferten Aufwand an Menschen und Mitteln zugesteht und es gegenüber dem Peloponnesischen Krieg als recht bescheidenes Unternehmen einstuft. Lesenswert sind seine Reflexionen darüber auch heute noch allemal: »Zwar dass Mykene klein war oder sonst eine der damaligen Burgen heute unbeträchtlich wirkt, wäre kein ganz sicheres Zeichen, um zu zweifeln, ob die Heerfahrt so großartig war, wie die Dichter sie dargestellt haben und die Sage geht. Denn wenn Sparta verödete und nur die Tempel und Grundmauern der Bauten blieben, würden gewiss die Spätern nach Verlauf langer Zeit voller Unglauben seine Macht im Vergleich zu seinem Ruhm bezweifeln – und doch haben die Spartaner vom Peloponnes zwei Fünftel zu eigen und sind die Vormacht des Ganzen und noch vieler Verbündeter außerhalb; aber da sie nicht in einer Stadt beisammenwohnen und keine kostbaren Tempel und Bauten haben, sondern nach altgriechischem Brauch dorfweise siedeln, so könnte Sparta eher armselig wirken. Wenn es aber Athen ebenso ginge, so würde seine Macht nach der sichtbaren Erscheinung der Stadt doppelt so hoch geschätzt werden, als sie ist. Also kein Grund zu zweifeln und auf die Pracht einer Stadt mehr zu geben, als auf ihre Macht, sondern es ist glaublich, dass der Troische Krieg wirklich der bedeutendste war aller früheren, jedoch zurückbleibt hinter den heutigen, wenn man sich auch hier wieder auf die Dichtung Homers verlassen will, der ihn als Dichter sehr wahrscheinlich überhöht hat; auch so erweist er sich noch als recht bescheiden.« (Thukydides 1,10)

Xerxes

Solche historisch-kritischen Überlegungen zur heroischen Vergangenheit der Griechen und des Troianischen Krieges stellte der Perserkönig Xerxes sicherlich nicht an, als er 480 v. Chr. die Burg von Ilion besuchte, kurz bevor er mit seinem Heer die Meerenge zwischen Orient und Okzident überschritt. Er sah seinen Abstecher wohl als wirkungsvolles, gegen die Griechen gerichtetes Politikum, das auch als Auftakt eines Rachefeldzugs für die einst erlittene Niederlage von Ost gegen West interpretiert werden konnte. Herodot berichtet in seinen Historien über den Besuch: »Als Xerxes an diesen Fluss (Skamander) gelangte, stieg er hinauf zu der Burg des Priamos, die er gern sehen wollte. Er betrachtete die Burg, hörte alles, was dort geschehen, und opferte der Athena Ilias tausend Rinder. Die Magier spendeten den Heroen Trankopfer.« (Herodot 7,43)

Alexander der Große

Besondere Verehrung und Förderung erfuhr Ilion durch Alexander den Großen (356–323 v. Chr.). Rund eineinhalb Jahrhunderte nach dem Besuch des Xerxes, im Jahr 334 v. Chr., kam der junge Makedonenkönig zu Beginn seines Feldzugs gegen den Perserkönig Dareios ebenfalls an diesen mit Symbolen hoch befrachteten Ort. Er war nach Asien übergesetzt, um ebenfalls eine Schmach zu rächen, nämlich die, welche die Perser in den beiden Kriegen gegen Griechenland den Hellenen angetan hatten. Alexanders Vorliebe für Homer war groß, wenn nicht sogar manisch. Er selbst fühlte sich als neuer Achilleus. Unter seinem Kopfkissen lag neben dem Schwert ein Exemplar der *Ilias*, das von seinem Lehrer, dem Philosophen Aristoteles redigiert war. Der angehende Herrscher über ein Weltreich bezeichnete das Epos als Lehrbuch militärischen Könnens. Später, als man ihm aus der Beute des Perserkönigs ein Kästchen brachte, das als das kostbarste Stück aus dem Besitz seines Gegners galt, bewahrte er sein *Ilias*-Exemplar fortan darin auf.

Plutarch überliefert in seiner Alexander-Biographie den Besuch des Königs: Er »zog nach Ilion hinauf, opferte der Athena und spendete an den Gräbern der Heroen. Das Grabmal des Achilleus salbte er mit Öl, rannte, wie es der Brauch ist, mit den Gefährten nackt hinauf, bekränzte es und pries ihn glücklich, dass er im Leben einen treuen Freund (Patroklos) und nach seinem Tode einen mächtigen Herold (Homer) gefunden habe. Als ihn beim Umhergehen und Betrachten der Sehenswürdigkeiten der Stadt jemand fragte, ob er auch die Lyra des Alexander (so lautete ein anderer Name des Paris) sehen wolle, erklärte er, auf sie lege er nicht den mindesten Wert, aber die des Achilleus suche er, zu der er den Ruhm und die Taten der tapferen Männer besang.« (Plutarch, Alexander 15)

Bei seiner Antwort hatte Alexander der Große die Zeilen aus der *Ilias* im Sinn, in denen Homer über den dem Agamemnon grollenden Anführer der Myrmidonen, Achilleus, berichtet: »Als zu der Myrmidonen Zelten und Schiffen sie kamen, / Fanden sie ihn, wie er grade sein Herz an der kunstvollen, schönen, / Klingenden Leier erfreute, auf der ein silberner Steg war; / Er erbeutete sie, als Eétions Stadt er zerstörte. / Damit erfreut' er sein Herz, sang Ruhmestaten der Männer.« (IX,185–189)

Wie sehr der Makedonenherrscher von den homerischen Schilderungen gefesselt und fasziniert war, ist in der bei Arrian überlieferten Beschreibung des Feldzuges von Alexander zu lesen. Danach bat er am Altar des Zeus den Priamos, dieser möge nicht den Nachkommen des Neoptolemos zürnen, aus dessen Geschlecht Alexander seine Familie ableitete. Der Überlieferung zufolge hatte Neoptolemos den greisen Priamos am Altar getötet. Außerdem weihte er laut Arrian der Athena Ilias auch seine Rüstung, tauschte sie ein gegen Waffen, die angeblich aus dem Troianischen Krieg stammten. Diese ehrwürdigen Antiquitäten wurden dem jungen König dann von seiner Leibgarde in die Schlachten vorangetragen.

Exkurs: Das Grabmal des Achilleus

Korfmann und sein Team konnten durch Grabungen in der Umgebung von Hisarlik den Ort identifizieren, in dessen Nähe sich die oben erwähnte, von Plutarch überlieferte Szene am Grabmal des Achilleus abspielte. Rund acht Kilometer südwestlich des Burghügels erheben sich an der Ägäisküste zwei deutlich sichtbare Hügel in der Ebene, so genannte Tumuli. Direkt über dem Meer ragt als Kap an der Besik-Bucht der rund 27 Meter hohe Yassitepe empor, etwa sechshundert Meter nordöstlich davon der Sivritepe.

Am Yassitepe konnten die Archäologen unter osmanischen und byzantinischen Gebäudefundamenten Reste von prähistorischen Siedlungen untersuchen sowie Spuren aus der Phase Troia VI. Außerdem wurde eine hellenistische Umfassungsmauer festgestellt. Die entscheidende Entdeckung an dieser Stelle jedoch waren die Reste einer polygonalen Befestigungsmauer im so genannten lesbischen Stil, die mittels einer hier gefundenen Schale im orientalisierenden Stil in die erste Hälfte des sechsten vorchristlichen Jahrhunderts datiert werden konnte. Damit bestätigte die Archäologie eine Vermutung von J. M. Cook, dem wohl besten Kenner der Landschaft Troas: Hier am Yassitepe lag dessen Meinung nach die um 700 v. Chr. von Siedlern der Insel Lesbos gegründete Stadt Achilleion. Um 600 v. Chr. stritten die Einwohner (Mytilinäer) Achilleions mit den rund sechs Kilometer nördlich in Sigeion stationierten Athenern um diesen Teil der Troas, wie Herodot berichtet; eine der zahlreichen historischen Varianten des Themas »Troianischer Krieg«.

Früher war Achilleion im Norden von Sigeion lokalisiert worden. Auch Schliemann hatte den Ort dort ebenso vermutet wie andere auch das Grab des Achilleus, das allgemeiner Meinung nach neben dem Grabhügel des Patroklos lag. Auf älteren Karten ist die Stelle bei Kumkale an der Einfahrt zu den Dardanellen eingezeichnet; konsequent war aus damaliger Sicht auch, die beiden dort liegenden Tumuli als die des Achilleus und des Patroklos zu benennen.

Der zur Zeit des Augustus lebende Strabon schreibt in seiner »Erdkunde«, dass Achilleion nahe dem Grabmal des Achilleus lag. Plinius bestätigt das in seiner *Naturalis Historia*. Der Tumulus des Achilleus kann folglich mit dem wenige hundert Meter von Achilleion entfernten Sivritepe identifiziert werden. Der Hügel, das haben die Untersuchungen ergeben, ist in seiner erhaltenen Form erst in hellenistischer Zeit sorgfältig aufgeschüttet worden. Nach Überzeugung der späteren Besucher barg er das Grab des Myrmidonenkönigs. Die in der Antike durchgeführten Planierungen lassen nicht mehr nachprüfen, ob sich an dieser Stelle vorher ein anderer, älterer Hügel erhob. Ausgeschlossen jedenfalls ist es nicht.

Die mythische Abstammung der Römer von den Troianern

Für die aufsteigende Weltmacht Rom war die sagenhafte Abstammung der Römer von Aeneas, der mit seinem Vater Anchises und seinem Sohn Askanios/Iulus auf Wunsch der Götter dem Inferno des brennenden Troia durch Flucht entkam, eine historische Realität. Diese Überlieferung galt als so unzweifelhaft, dass sie in die Realpolitik der ansonsten doch eher nüchternen Römer einbezogen wurde. Vergil sollte später unter Augustus diesem Mythos mit seiner an Homers Epen *Ilias* und *Odyssee* angelehnten Neuschöpfung *Aeneis* unsterbliche Gestalt verleihen.

Das wohl früheste Zeugnis dafür, dass mit dem Mythos um Aeneas und somit mit der angeblichen Abstammung der Römer Politik gemacht werden konnte, stammt aus dem Jahr 281 v. Chr. Bezeichnenderweise waren aber noch nicht die Römer diejenigen, die diesen Mythos gebrauchten, sondern Griechen. Damals hatte eine Gesandtschaft aus dem unteritalischen Tarent König Pyrrhos von Epirus um Hilfe gegen die Römer gebeten. Und dieser Herrscher war auf die Bitten der Stadt in der Hoffnung eingegangen, dass er, als Nachfahre des Achilleus, gegen die Nachkommen der Troianer schließlich ebenfalls der Sieger bleiben werde. Die Geschichte hatte ihn dann eines Besseren belehrt, wie man weiß.

Die Akzeptanz dieses Mythos durch einen griechischen Potentaten zeigt, dass diese Version der eigenen Frühgeschichte damals schon verbreitet gewesen sein muss, wenn nicht sogar communis opinio der Alten Welt war. Und auch die Münzprägung dieser Zeit diente bereits dafür als willkommenes Propagandamittel. So zeigt beispielsweise eine in Italien geschlagene Didrachme, die den Namen des Pyrrhos in der Umschrift nennt, auf ihrer Rückseite Thetis auf einem

Seepferd, die den für ihren Sohn Achilleus gearbeiteten Schild in Händen hält. Auf der Vorderseite ist der behelmte Kopf des Helden selber dargestellt.

Als Rom nach dem Sieg über Karthago im Ersten Punischen Krieg endgültig zur Großmacht aufgestiegen war, baten bald nach 240 v. Chr. die griechischen Akarnanen das römische Volk um Unterstützung gegen die benachbarten Aetoler, von denen sie sich bedroht fühlten. Das Argument für ihr Ansinnen war, dass sie die einzigen Griechen gewesen seien, die nicht am Troianischen Krieg teilgenommen hätten. Die Intervention zu Gunsten der Akarnanen wurde jedoch von den Adressaten brüsk zurückgewiesen, denn an einem militärischen Eingreifen im Osten hatte der Senat damals noch kein Interesse.

Das aber änderte sich einige Zeit später. Eine klare Bezugnahme eines Römers auf die troianische Abstammung seines Volkes finden wir bei dem siegreichen Titus Quinctius Flamininus. Nach seiner berühmten Freiheitserklärung für die Griechen während der Isthmischen Spiele in Korinth 196 v. Chr. hatte er, wie Plutarch berichtet, silberne Schilde und seinen eigenen nach Delphi geweiht sowie dem Apollon einen mit Epigrammen versehenen Kranz gestiftet. Diese lauteten: »Söhne des Zeus, die ihr rosselenkend freudig dahinbraust, / Spartas königlich Blut aus des Tyndareos Stamm, / Titus, der Spross des Aeneas, bringt euch die herrlichste Gabe, / da er dem griechischen Volk wieder die Freiheit gebracht.« Und: »Lege als Weihegeschenk auf deine ambrosischen Locken, /Sohn der Leto, dir diesen goldenen Kranz. / Der ihn dir bringt: der große Feldherr vom Stamm des Aeneas, / Schutzherr, gib für den Kampf Titus, dem herrlichen, Ruhm!« (Plutarch, *Titus* 12)

Vier Jahre später opferte der Seleukidenkönig Antiochos III. vor der Überfahrt mit seiner Flotte nach Griechenland der Athena in Troia. Und 190 v. Chr., Rom führte noch immer Krieg mit dem Seleukidenherrscher, wiederholte der römische Konsul Lucius Cornelius Scipio ebendort das gleiche Schauspiel. Der Ort eignete sich offenbar glänzend für politisch opportune, effektvolle Auftritte. Wie Livius (XXXVII 37,3) berichtet, wiesen die Bewohner Ilions den hohen Besucher mit allerlei Ehrungen in Wort und Tat darauf hin, dass die Römer von ihnen abstammten. Die wiederum waren hoch erfreut, solches über ihre Herkunft zu erfahren beziehungsweise bestätigt zu bekommen. Und folgerichtig erfahren wir nach dem Ende des Krieges und dem Frieden von Apameia 188 v. Chr. von einer Förderung, die Rom seiner »Mutterstadt« angedeihen ließ. Ilion wurde frei und sein Gebiet um die Städte Rhoeteum und Gergithum vergrößert.

Caesar und das Geschlecht der Iulier

Eine noch engere Bindung an die Stadt hatten Gaius Iulius Caesar und sein Adoptivsohn Octavianus, der spätere Kaiser Augustus. Das Geschlecht der Iulier nämlich, dem der 44 v. Chr. ermordete Diktator entstammte, leitete sich direkt von Ilos oder lateinisch: Ilus ab, dem sagenhaften Gründer Troias und Großvater des Priamos. Dessen Vater Laomedon wiederum hatte Herakles und Poseidon um ihren verdienten Lohn betrogen, nachdem diese die Mauern der Stadt erbaut hatten. Die Folge dieses nicht eingelösten Versprechens war ein »Troianischer Krieg« unter dem Kommando des Herakles, der mit der Zerstörung der Burg endete, wie auch in der *Ilias* nachzulesen ist. Dieser erste Feldzug eines griechischen Helden gegen die Festung an den Dardanellen ist auch in einem der Giebel des Aphaiatempels auf Ägina dargestellt, dessen Skulpturen heute in der Münchner Glyptothek zu bewundern sind.

Als Stammmutter verehrten die Iulier Venus, die griechische Aphrodite. Dem Mythos zufolge war die Liebesgöttin die Mutter des Aeneas. Bereits im Jahr 68 v. Chr. hatte der damals 32 Jahre alte Caesar in der Leichenrede auf seine Tante Iulia die Abstammung seines Geschlechts von Venus betont. Und nach der Schlacht von Pharsalos besuchte der Sieger 48 v. Chr. auch die Stadt seiner Ahnen. Entsprechend hat Caesar die mythische Heimat seiner Vorfahren hoch geehrt. Er vergrößerte Iliums Landbesitz, befreite es ebenfalls von Steuern und sicherte durch entsprechende Maßnahmen seine Freiheit, wie Strabo (XIII 1,27) schreibt.

Unter Caesars Herrschaft wurde in Rom auch erstmals eine Münze geprägt, die den aus dem brennenden Troia fliehenden Aeneas mit seinem Vater Anchises auf dem linken Arm zeigt, in der rechten Hand trägt er das Palladion, das ehrwürdig-alte, heilige Kultbild der Stadtgöttin Athena. Ein Gerücht, das der Kaiserbiograph Sueton überliefert, wollte

Aeneas mit dem Kultbild der Athena in der rechten Hand
und seinem Vater Anchises auf dem linken Arm
Von Iulius Caesar herausgegebene Münze, 49 und 47 v. Chr.

(British Museum, London)

sogar wissen, dass Caesar sich mit dem Gedanken trug, nach Ilion zu übersiedeln, wollte er »den Schwerpunkt des Reiches aus dem durch Aushebungen erschöpften Italien dorthin verlagern und die Staatsgeschäfte in Rom seinen Freunden überlassen« (Sueton, *Caesar* 79).

Augustus und Vergil

Mit dem Untergang der Res Publica in den Jahrzehnte dauernden Bürgerkriegen, die erst der spätere Kaiser Augustus mit der Schlacht bei Actium 31 v. Chr. und der Einnahme von Alexandria ein Jahr später beendete, verschwand letztlich auch die realpolitische Bedeutung der troianischen Abstammung des iulischen Geschlechts. Aber unter Augustus verwandelte sich die iulische Familiensage zum nationalen Gut und zur Rechtfertigung der Weltherrschaft Roms. In dem Dichter Vergil fand der Prinzeps denjenigen, der diesem »gottgewollten« Anspruch die würdige literarische Form gab. In seinem Epos *Aeneis*, das 29 v. Chr. begonnen und erst nach dem Tod des Vergil 19 v. Chr. ediert wurde, ist die ganze Geschichte der Römer eine logische Entwicklung, deren einziges Ziel das den Frieden garantierende Weltreich mit dem Prinzeps Augustus an seiner Spitze ist.

Wie vielschichtig dieses kunstvoll geschmiedete Werk der Weltliteratur ist, das hat Dietmar Kienast in treffender Weise in seinem Buch über Augustus angedeutet: »Aber die *Aeneis* ist nicht nur das römische Nationalepos, sondern zugleich das Epos, das den mythischen Ursprung des julischen Hauses feiert. Beides ist untrennbar miteinander verbunden. Wie sich im Schicksal des Aeneas die ganze römische Geschichte symbolhaft verkörpert, der Krieg um Italien ebenso angedeutet wird wie die Auseinandersetzung mit Karthago, so ist Aeneas auch zugleich Ahnherr und Prototyp des Augustus. Wie Aeneas erst nach unendlichen Mühen und Kämpfen seine Sendung erfüllen und auf italischem Boden ein neues Troja gründen konnte, so konnte auch Augustus erst nach langem schweren Ringen die Bürgerkriege beenden und Rom neu gründen. Wem kam nicht der Gedanke an den Prinzeps, wenn von Aeneas gesagt wird, er habe seinem Volk *mores et moenia* (Sitten und Mauern) gegeben. Und was von Aeneas gilt, sollte gewiß auch von Augustus gelten: wie jener, so war dieser *pietate insignis et armis* (ausgezeichnet durch Frömmigkeit und Kriegsruhm).« Bereits im ersten Buch des Epos verkündet Iupiter die Gründung Roms und die Friedenszeit unter Augustus. Der (Adoptiv-)Sohn Caesars erschien somit als der vom Schicksal bestimmte Vollender der römischen Geschichte.

Eine sinnfällige Verbindung der Abstammung von Aeneas und dem durch den Prinzeps garantierten Frieden manifestiert sich an der Ara Pacis Augustae in Rom. Auf einer der marmornen Reliefplatten an diesem Altar des augusteischen Friedens ist Aeneas beim Opfer an die Penaten, die Hausgötter seiner Väter, dargestellt. Diese hatte er aus dem brennenden Troia gerettet und mit nach Italien gebracht. Für jeden Betrachter des Reliefs waren diese Penaten damit auch diejenigen des iulischen Hauses und gleichzeitig die des gesamten römischen Volkes.

Auch Augustus, der Ilium im Jahr 20 v. Chr. besucht hatte, kümmerte sich um Troia. Er erneuerte den Tempel der Athena, der während des Mithridatischen Kriegs 85 v. Chr. von dem römischen Feldherrn Fimbria bei der Einnahme Ilions zerstört worden war. Sulla befahl danach den Wiederaufbau der Stadt. Fimbria hatte sich laut Strabo gebrüstet, er habe die Stadt am elften Tag erobert, was Agamemnon erst nach zehn Jahren gelungen sei, obwohl dieser eine Flotte von tausend Schiffen gehabt habe und ganz Griechenland mit ihm gezogen sei. Einer der Bewohner soll ihm daraufhin entgegnet haben, Ilion habe ja auch keinen Hektor mehr zur Verteidigung der Stadt.

Die Nachfolger des Augustus

Aber auch die Nachfolger des Augustus ließen Troia nicht im Stich beziehungsweise ehrten es mit ihrer eigenen Gegenwart. Sueton berichtet in seiner Biographie des Kaisers Claudius, dass dieser den Einwohnern Iliums, also gleichsam den Stammvätern des römischen Volkes, sämtliche Abgaben für alle Zeiten erließ. »Er verlas dabei einen alten griechisch geschriebenen Brief, in welchem der Senat und das Volk von Rom dem König Seleukos (vermutlich Seleukos II. Kallinikos, 246–226 v. Chr.) Freundschaft und Bündnis nur unter der Bedingung zusicherten, wenn er die Einwohner von Ilium, ihre Blutsverwandten, von jeder Steuerlast befreite.« (Sueton, *Claudius* 25) Es ist ohne Bedeutung, ob dieses Schriftstück eine spätere Fälschung der Einwohner von Ilium war oder nicht. Die Textstelle belegt unmissverständlich, dass mit der römischen Abstammungslegende noch immer Politik gemacht werden konnte – und zwar mit Erfolg.

Einen die Menschen verhöhnenden Aspekt der Troiarezeption überliefert Sueton für Nero. Dieser soll beim Anblick der Feuersbrunst des von ihm im Jahr 64 n. Chr. angezettelten Brand Roms geradezu in Verzückung geraten sein. »In der Freude über ›die Schönheit der Flammengluten‹, wie er sich ausdrückte, sang er in seinem bekannten Theaterkostüm ein Lied von Iliums Eroberung.« (Sueton, *Nero* 38) Der Text wird wohl von Nero selbst verfasst worden sein, ein weiteres Beispiel seines zweifelhaften Könnens als Dichter.

Auch der große Griechenfreund auf dem römischen Kaiserthron, Hadrian, förderte die Stadt seiner Vorväter. Sein Besuch in Ilium im Jahr 124 n. Chr. war wohl Anlass für die Neugestaltung des dortigen Odeions. Das aus Holz aufgeführte Skene-Gebäude wurde ersetzt durch ein steinernes, drei Geschosse hoch aufragendes an der Bühnenseite. Zum Skulpturenschmuck des Neubaus gehörte – selbstverständlich als Mittelpunkt – eine Statue des Förderers, die ihn als Feldherr im Brustpanzer darstellte. Diese Panzerstatue wurde 1993 bei den Ausgrabungen entdeckt und steht heute im Museum von Canakkale.

Eine weitere unrühmliche Episode in Ilium, die ein bezeichnendes Bild auf den Protagonisten wirft, wird von Caracalla überliefert. Dieser kam 214 n. Chr. hierher. Er weihte seinem großen Ideal Achilleus eine riesige Bronzestatue und veranstaltete mit seinen Soldaten Waffenläufe um das Grab des vor Troia gefallenen Helden. Um mit seiner Veranstaltung den in der *Ilias* überlieferten Begräbnisfeierlichkeiten und Leichenspielen zu Ehren des von Hektor getöteten Patroklos nicht nachzustehen, die Achilleus veranstaltet hatte, brachte Caracalla mangels eines eigenen Patroklos kurzerhand seinen Freund Festus um.

So wie vor ihm Caesar soll Konstantin der Große mehreren Schriftquellen zufolge nochmals daran gedacht haben, die neue Hauptstadt des römischen Weltreiches bei Troia zu errichten. Sollte diese Überlieferung stimmen, dann scheiterte der Plan des Kaisers letztlich daran, dass die Bucht von Ilium verlandet war; Troia hatte keinen Hafen mehr. Damit war seine einstige Schlüsselstellung Vergangenheit und die Quelle seines Reichtums versiegt.

Troias Ende in der Spätantike

Ein Aufflackern der verlöschenden Flamme von Troias einstiger Bedeutung und seiner großen mythischen Vergangenheit schildert der spätere römische Kaiser Iulian Apostata in einem überlieferten Brief. Im Jahr 354/355 n. Chr. besuchte er als Caesar die Stadt, die mittlerweile auch Bischofssitz geworden war. Sein Schiff landete in Alexandreia Troas, gegenüber der Insel Tenedos. In Begleitung des Bischofs Pegasios inspizierte der dem alten Götterglauben anhängende Herrscher die Stadt und ihre nähere Umgebung. Nachdem sein Onkel Konstantin das Christentum zur Staatsreligion erklärt hatte, befürchtete Iulian nun, dass die antiken Wallfahrtsziele zerstört oder zumindest dem Verfall preisgegeben waren. Aber zu seiner Freude fand er das Grabmal des Achilleus unbeschädigt vor, und im Tempel der Athena bemerkte er noch Spuren frischer Opfer. Der Kaiser konnte also mit Zufriedenheit feststellen, dass die alten Riten offenbar noch vorschriftsmäßig gepflegt wurden.

Doch das Ende war nicht mehr aufzuhalten. Die heidnischen Kulte wurden 391 n. Chr. endgültig verboten, und zu Beginn des fünften Jahrhunderts nach Christus wurde die Agora zum Friedhof umfunktioniert. Ein schweres Erdbeben, das um 500 n. Chr. den Ort heimsuchte, erledigte den Rest: Die Säulenhallen des Athenatempels und andere Bauten stürzten zusammen, auch das Skene-Gebäude, unter dessen Trümmern die oben erwähnte Hadriansstatue begraben wurde.

Wenn diejenigen, die diese Katastrophe überlebten, am Ort blieben, werden sie nur noch in kümmerlichen Resten gewohnt haben. Und auch sie ereilte wohl noch ein unglückliches Schicksal, als im Jahr 542 n. Chr. eine Seuche Anatolien heimsuchte.

Die Troia-Rezeption im Mittelalter und in der Neuzeit

Mit dem Ende der Antike kam auch das Ende von Troia. Zwar war es immer noch Bischofssitz und es gab hier in byzantinischer Zeit eine Siedlung. Aber über deren Aussehen im zwölften und dreizehnten Jahrhundert ist kaum etwas bekannt, vermutlich war es nicht mehr als ein kleiner Flecken mit ein paar Häusern. Eine Kirche ist in der Nähe des großen Theaters anzunehmen, da dort ein Friedhof lokalisiert wurde. Ein anderer Bestattungsort für die Toten war im Südwesten der Unterstadt von Troia VI.

Irgendwann kam dann auch das Ende als Bischofssitz. Danach ging Troia noch weiter in dem Strudel des Vergessens unter, zu einer Zeit, als in Europa sich die große Epoche ankündigte, in welcher die Antike eine dominante Rolle spielte, die Renaissance. Den Ort Troia selbst hatten die Menschen im Abendland ohnehin schon lange vergessen beziehungsweise keine klare Vorstellung mehr davon. Aber der Mythos vom Troianischen Krieg, die Erinnerung an die Helden und die menschlichen Dramen war weiterhin am Leben geblieben und führte zu bemerkenswerten Trugschlüssen und politischen Handlungen.

Die Kenntnis über Troia und seinen Mythos, die früher zur Allgemeinbildung der römischen Elite gehörte, fand nun Eingang in die Vorstellungswelt der Stämme der Völkerwanderungszeit und später in die der Ritter. So wie die Römer einst die troianische Sage für ihre Abstammungslegende in Anspruch nahmen – der Höhepunkt dieser Tradition war die Genealogie der Iulier mit Caesar und Augustus, die ihr Geschlecht in direkter Linie von Aeneas abgeleitet hatten –, so entdeckten auch einige Germanenstämme die Vorteile einer solchen Vereinnahmung: Eine Identifizierung mit dem Mythos erlaubte eine enge Einbindung in die von ihnen bewunderte römische Kultur, die ja um so vieles höher stand als die eigene. Mit diesem Schritt wiederum ließ sich die eigene kriegerische Überlegenheit in den politischen Machtanspruch umformulieren, eben berechtigter Erbe des einstigen und nun überwältigten Imperium Romanum zu sein. Der Nachweis hohen Alters und ehrwürdigen Adels war außerdem ein gern verwendetes Argument bei der Durchsetzung von Herrschaftsansprüchen.

Der Ostgotenkönig Theoderich der Große (453–526), der in Byzanz seine Erziehung genossen hatte, reklamierte für sich nach der *Geschichte der Goten* von Cassiodorus ebenso eine troianische Abstammung wie etwa die Frankenkönige. Der einmal so geschaffene Stamm eines Stammbaumes trieb bald zahlreiche Äste in Europa aus. Die fränkische Troiasage hat ihren Ursprung wohl im niederrheinischen Xanten, der vormals römischen »Colonia Ulpia Traiana«. Schon in der Antike wurde der Name auch als »Colonia Troiona« geschrieben. Die Schlussfolgerung, in diesem Ort eine Siedlung überlebender Troianer erkennen zu können, liegt auf der Hand. Die Ruinen in Xanten werden diese Mutmaßung unterstützt und zur Legendenbildung beigetragen haben.

Am frühesten fassbar ist die fränkische Troiasage in den so genannten Fredegar-Chroniken des siebten Jahrhunderts. Diese Aufzeichnungen entstanden vermutlich auf Geheiß des Königshofs. Bei Fredegar heißt es unter anderem, dass nach dem Untergang Troias ein Teil der Überlebenden unter einem König Frigas in den Donauraum gezogen seien. Von diesen habe sich dann eine Gruppe abgespalten, die an den Rhein zog, um dort »eine Stadt nach dem Muster und mit dem Namen Troia zu bauen«. Die Identifizierung dieses Troias mit Xanten ist bereits für das achte Jahrhundert bezeugt.

Auf einer Münze des Kölner Erzbischofs Hermann II. (1036–1056) aus Xanten wird auf der Rückseite die Stadt als »Sancta Troia« bezeichnet. Und eine 1047 in Xanten ausgefertigte Urkunde von Kaiser Heinrich III. bezeichnet den Ausstellungsort als »Troja, das auch Xanten genannt wird«.

Selbst die Ritter des vierten Kreuzzuges nahmen den Mythos von Troia in Anspruch, um ihre anstatt nach Jerusalem nach Konstantinopel führende Unternehmung zu rechtfertigen oder zumindest zu begründen. Aus der ersten Hälfte des dreizehnten Jahrhunderts ist eine Episode überliefert, die ein bezeichnendes Licht auf diese Einstellung wirft. Peter von Bracheux soll die Motivation für die Eroberung Konstantinopels mit den Worten formuliert haben: »Troia gehörte unseren Vorfahren, und die, so daraus entkamen, gingen, um zu wohnen, dahin, von wo wir gekommen sind; und weil es unsere Vorfahren waren, sind wir hierher gekommen, um ihr Land wieder zu erobern.« Diesem traurigen Beispiel machtpolitischer Selbstherrlichkeit ist nichts hinzuzufügen.

So wie der Mythos um Troia und seinen Untergang auf interessanten Umwegen lebendig blieb, so überdauerte letztlich auch der Wunsch, den Ort zu lokalisieren und aufzusuchen, wo sich die Schicksale von Hektor und Achilleus erfüllt hatten. Ob gezielt oder mehr zufällig: Einige derer, die in die Nähe der Dardanellen und in die Ebene von Troia kamen, machten sich zu einer Erkundung des Geländes auf Homers Spuren auf.

Überliefert ist beispielsweise die Reise des angelsächsischen Pilgers Saewulf, der während der Fahrt von Chios nach Konstantinopel an Bord seines Schiffes darauf aufmerksam gemacht wurde, dass auf der Höhe von Tenedos einst Troia gelegen habe. Ein anderes Zeugnis für die Beschäftigung mit der geographischen Lage der mythischen Stadt ist die »Reise in die Heidenschaft« von Hans Schiltberger (1394–1427), der Troia richtig auf Hisarlik lokalisierte, wenn er schrieb, »unweit von Konstantinopel, auf einer schönen Ebene nahe dem Meere, hat früher die Stadt Troja gestanden, und man erkennt noch sehr gut die Stelle, wo sie sich einstmals befand«. Im Oktober des Jahres 1444 durchstreifte Cyriac von Ancona die Ebene der Troas, ein ausgewiesener Altertumsfreund und Reisender. Eigenen Angaben zufolge sah er bei seiner Fahrt nach Imbros die Insel Samothrake am Horizont, von deren Erhebung aus Poseidon dem Kampfgetümmel vor Troia zugesehen hatte.

Wie stark noch oder – im Zuge der Renaissance der Begeisterung für das Altertum – wieder der Troianische Krieg als Auseinandersetzung zwischen Orient und Okzident begriffen werden konnte, zeigt die Überlieferung vom Besuch Mehmeds II., des Eroberers von Konstantinopel, 1462 in Troia. In Anknüpfung an die antike Tradition besuchte dieser Herrscher die Ruinen, ließ sich die Grabhügel von Achilleus, Hektor und Aias zeigen und opferte wie seine großen Vorgänger am Grabmal des Myrmidonenkönigs. Sein Freund Cyriac von Ancona hatte ihn hierher begleitet und aus Homer vorgelesen. Abschließend soll der türkische Feldherr gesagt haben, dass er von Allah auserwählt worden sei, die Stadt und ihre Bewohner zu rächen. Die Griechen hätten Troia gebrandschatzt, und ihre Nachfahren hätten für ihre Hybris gegenüber den Völkern Asiens mit der Vernichtung ihrer Städte bezahlt.

Die »Ilias« wird übersetzt

Die Gelehrten und die Künstler in der Renaissance sorgten dann weiterhin für die Erhaltung und Pflege antiken Gedankenguts und der überlieferten Mythen. Petrarca veranlasste die erste Übersetzung Homers ins Lateinische, die 1360 von

Leonzio Pilato besorgt wurde. Von 1396 an unterrichtete Manuel Chrysoloras in Florenz die bis dahin unbekannte griechische Sprache und verfasste eine erste Grammatik. Hier in der Stadt am Arno entstand auch im Jahre 1488 der erste Druck des homerischen Textes, der von Demetrios Chalkondyles herausgegeben wurde. Die Gefahr, die Wurzeln der eigenen Kultur zu vergessen, war damit für immer gebannt.

Für eine letztlich heilsame Verwirrung in der Troia-Frage hatte zuvor die 1470 erschienene lateinische Übersetzung von Strabos Erdbeschreibung gesorgt. Die Gelehrtenwelt, bis dahin eigentlich davon überzeugt, dass die Burg des Priamos letztlich ein Utopia war und die Suche danach entsprechend ein vergebliches Unterfangen sein musste, erfuhr plötzlich von den Auseinandersetzungen der Homerspezialisten aus hellenistischer Zeit, von ihrem Streit über die geographische Lokalisierung Troias.

Die Suche nach Troia in der Neuzeit

Wer sich danach auf die Suche nach den Ruinen der Stadt machte, fand sie nicht. Er konnte sie nicht finden, weil sie verborgen waren unter Erdschutt und Gestrüpp. Und wer mochte ernsthaft daran denken, unter der Erdoberfläche nach Palästen und Tempeln zu suchen, die doch auf Grund der Beschreibungen Homers zweifellos monumental sein und angesichts ihrer Mächtigkeit die Jahrhunderte überdauert haben mussten. So wie zum Beispiel die antiken Bauten in Rom noch zum großen Teil sichtbar waren, so mussten auch Troias Überreste noch hoch aufragen – wenn diese Stadt nicht ein Produkt dichterischer Phantasie war.

Lange Zeit dachte man nicht an Ausgrabungen. Wie Gerhard Neumann schreibt, war das Interesse »vielmehr auf eine pittoreske, phantasieanregende Ansicht ausgerichtet, welche die von Menschen geschaffenen Monumente in ihrem Zerfall durch die zerstörende Kraft der Natur zeigt«. Aber das Interesse blieb wach, wurde gefördert durch die zahlreicher werdende Reiseliteratur und die darin enthaltenen Darstellungen von Ländern und Leuten. Und immer wieder findet man auf Landkarten einen Eintrag von Troia. Diese Lokalisierungen konnten fiktiv sein oder sich an den erhaltenen Ruinen der in der Nähe Ilions gelegenen Stadt Alexandreia Troas orientieren; so etwa auf der Kopie einer römischen Straßenkarte aus dem zwölften oder dreizehnten Jahrhundert, der so genannten Tabula Peutingeriana. Oder man konstruierte ein Phantasiebild der Stadt, wie es zum Beispiel die Schedelsche Weltchronik von 1493 zeigt. Troia und sein Mythos beflügelten aber auch die Phantasie der Dichter. Als Beispiel für die großartigen Schöpfungen, die wir solchem Ringen um die bestmögliche Darstellungsform eines Themas verdanken, sei nur an Shakespeares *Troilus und Cressida* erinnert, das sich wiederum auf die berühmte Übersetzung der homerischen Epen von George Chapman und auf William Caxtons *Recuyell of the Historyes of Troye* als Quelle für seinen Handlungsvorwurf stützen konnte. Dem gleichen Thema widmete sich Chaucer in seinem Epos *Troilus and Criseyde*.

Die phantastischen Entdeckungen in Herculaneum seit 1738 und in Pompeji zehn Jahre später zeigten dann, welche Schätze unter der Erde verborgen sein konnten. Das Interesse an regelrechten Ausgrabungen wuchs, ebenso die wissenschaftliche Aufnahme dessen, was unter und über der Erde an antiken Architekturresten zu sehen war. Man denke nur an das 1762 erschienene gigantisch anmutende Werk *Antiquities of Athens measured and delineated* der beiden Engländer James Stuart und Nicholas Revett, das die Grundlagen schuf für den Durchbruch der griechisch-klassizistischen Baukunst in Europa.

Phantasiedarstellung Troias aus der
Schedelschen Weltchronik, Nürnberg 1493

In diese Jahre kann auch der Beginn einer gezielten Suche nach dem homerischen Troia gesetzt werden. Zu nennen ist hier Robert Wood, ein Mitglied der Londoner »Society of Dilettanti«, die bereits Stuart und Revett auf Reisen geschickt hatte. Woods Aufforderung lautete, »die Ilias und die Odyssee in den Ländern zu lesen, wo Achilleus kämpfte, wo Odysseus reiste und wo Homer gesungen hatte«. Nur: Auch Wood konnte bei seinen Fahrten durch die Landschaft des Mythos das Troia Homers nicht finden. Als der französische Aristokrat und Altertumsfreund Marie Gabriel A. F. Choiseul-Gouffier im Jahr 1776 ans Mittelmeer reiste, um »das Griechenland Homers und Herodots« zu suchen, kam er zu dem Schluss, das Troia Homers müsse bei dem Dorf Bunarbaschi (Pinarbasi) in der Troas gelegen haben. Diese Meinung gab sein Mitarbeiter Jean-Baptiste Lechevalier später als eigene Erkenntnis aus – eine Lokalisierung des Ortes, die noch bis in die Zeit Schliemanns Bestand haben sollte.

Dabei hatten 1801 die beiden Engländer Edward Daniel Clarke und John Martin Cripps anhand von Münzfunden auf Hisarlik die Lage des antiken Ilion erkannt. Und einige Jahre zuvor hatte der deutsche Ingenieur Franz Kauffer in seiner Karte ebenfalls diesen Hügel als Ruinenstätte ausgemacht und hier die möglicherweise von Konstantin dem Großen geplante Stadt – sie wäre der Vorläufer des späteren Byzanz gewesen – eingetragen. Der schottische Zeitungsverleger und Amateur-Geologe Charles Maclaren veröffentlichte dann 1822 eine Untersuchung, in der er darzulegen versuchte, dass das homerische Troia am Platz des römischen Ilium gelegen haben müsse. Erst fünfundzwanzig Jahre später konnte er seine Theorie vor Ort nachprüfen, und in seinem zweiten Buch aus dem Jahr 1863, *The Plan of Troy Described*, bekräftigte er nochmals den Anspruch Hisarliks auf Troia – fünf Jahre vor Schliemanns erster Reise in die Troas und ein Jahr bevor der Österreicher Johann Georg von Hahn die These Lechevaliers durch Ausgrabungen auf dem Bali Dagi bei der Ortschaft Pinarbasi nachprüfen wollte.

In dieser Tradition begeisterter Freunde der griechischen Antike, die oft genug romantische Züge annahm und das mythische Zeitalter verklärte, stand auch Heinrich Schliemann. Mit seinen Ausgrabungen auf Hisarlik schließlich begann eine neue Form der Rezeption des Troia-Mythos. Von nun an wurde Homer an den hier aufgedeckten Ruinen gemessen. Der Dichter diente nicht länger als Reiseführer oder willkommene Autorität bei der Spurensuche.

Heinrich Schliemann und die Ausgrabungen auf Hisarlik

»Ich gestehe, dass ich meine Rührung kaum bewältigen konnte, als ich die ungeheure Ebene von Troja vor mir sah, deren Bild mir schon in den Träumen meiner ersten Kindheit vorgeschwebt hatte. Nur schien sie mir beim ersten Blicke zu lang zu sein und Troja viel zu entfernt vom Meere zu liegen, wenn Bunarbaschi wirklich innerhalb des Bezirks der alten Stadt erbaut ist, wie fast alle Archäologen, welche den Ort besucht haben, behaupten.« Mit diesen Worten beschrieb Heinrich Schliemann in seinem 1869 erschienenen Buch *Ithaka, der Peloponnes und Troja* seine erste Begegnung mit der Landschaft der Troas im Jahr zuvor.

Der Pfarrerssohn aus dem mecklenburgischen Ankershagen war also angekommen, angekommen am lang ersehnten Ziel seiner Kindheitsträume, wie er es in seinen späteren Aufzeichnungen formulierte. Sofort machte er sich auf nach dem Dorf Pinarbasi (Bunarbaschi), das etwa zehn Kilometer landeinwärts vom Ägäischen Meer und rund dreizehn Kilometer südlich der Dardanellen liegt. Schliemann beschreibt es als »ein schmutziges und elendes Dorf mit 23 Häusern, von denen 15 von Türken und 8 von Albanesen bewohnt sind. Auf jedem der fast flachen Dächer der Häuser befinden sich Storchnester in grosser Menge; ich habe auf einigen bis zu zwölf gezählt«. Oberhalb von Pinarbasi, auf dem Bali Dagi, vermutete damals der Großteil der gelehrten Welt das Troia Homers.

Grundlage für diese Vermutung war zunächst die Meinung Jean Baptiste Lechevaliers gewesen, der 1785 die Troas mit der *Ilias* in der Hand durchstreifte und zu dem Schluss kam, die »Kirk Göz« bei Pinarbasi, die vierzig Quellen, seien mit der warmen und der kalten Skamanderquelle zu identifizieren, die in der *Ilias* beschrieben werden: »Und sie erreichten die beiden schön hin fließenden Brunnen, / Wo die Quellen entspringen des wirbelreichen Skamandros. / Eine nämlich entfließt mit lauwarmem Wasser, und ringsum / Dampft aus ihr es auf wie Rauch aus loderndem Feuer. / Aber die andere fließt im Sommer so kalt wie der Hagel / Oder wie kühler Schnee oder Eis, gefroren aus Wasser.« (XXII,147–152) Obwohl bereits bei Demetrios von Skepsis im zweiten Jahrhundert vor Christus überliefert ist, dass es keine solche Quelle mehr in der Troas gebe, wurde der These Lechevaliers, der sie seinerseits von Choiseul-Gouffier übernommen hatte, meist der Vorzug gegeben, wenngleich es bereits andere Stimmen gab. Als dann im Jahr 1864 Johann Georg von Hahn auf dem Bali Dagi diese Identifizierung nachprüfen wollte und Reste einer Siedlung fand, schien für viele die Frage beantwortet. Prominente Anhänger dieser Ortsbestimmung waren beispielsweise der Berliner Historiker Ernst Curtius (1814–1896), der Leiter der 1875 begonnenen Ausgrabungen in Olympia wurde, und der preußische Feldmarschall Helmuth Graf von Moltke (1800–1891).

In seinem in Tagebuchform gehaltenen Text über seinen ersten Besuch in der Troas vermittelte nun Schliemann dem Leser von Anfang an den Eindruck, er sei von der Pinarbași-/Bali Dagi-Theorie niemals überzeugt gewesen: »Als ich aber den Boden näher betrachtete und nirgends die geringsten Trümmer von Ziegeln oder Töpferwaren entdeckte, so gelangte ich zu der Ansicht, dass man sich über die Lage Troja's getäuscht habe [...]« Durch eigene Grabungen wollte er versuchen, diese These zu widerlegen.

Aber Auswertungen von Schliemanns Tagebuch und weitere Untersuchungen deuten klar darauf hin, dass der angehende Archäologe bei seinem ersten Aufenthalt in der Troas sich noch keineswegs so klar für eine Theorie entschieden und der Hügel Hisarlik als Ort des homerischen Troia in den ersten Tagen noch nicht konkret in seine Überlegungen Eingang gefunden hatte. Nach Lage der Dinge war es der hier ansässige britische Kaufmann und Konsul Frank Calvert (1828–1907) gewesen, der den Reisenden auf den Ruinenhügel Hisarlik hinwies.

Die Rolle Frank Calverts bei der Wiederentdeckung von Troia

Frank Calvert, dessen Familie seit den Tagen Lord Byrons in der Troas lebte, kannte diese Landschaft besser als irgendein anderer. Er identifizierte eine ganze Reihe antiker Stätten und legte eine bedeutende Antikensammlung an. In früheren Jahren war auch Calvert ein Anhänger der Pinarbasi-Theorie gewesen. Aber spätestens nach den dortigen Grabungen von 1864 war ihm klar, dass die Stadt des Priamos dort nicht gelegen haben konnte. Er wandte sich nun Hisarlik zu und kaufte den nordöstlichen Teil des Hügels. Hier führte er ein Jahr später vier Probegrabungen durch, während der er Teile des griechischen Athenatempels freilegte und vielleicht auch schon Abschnitte der Befestigungsmauer von Troia VI. Unter dem Athenatempel muss Calvert auf bronzezeitliche Schichten gestoßen sein. Jedenfalls erkannte er, dass Hisarlik aus mehreren übereinander liegenden Schichten aufgebaut war.

Aber letztlich war es Schliemann, der von 1871 an den Ruhm für sich verbuchen konnte, Hisarlik auszugraben und als Entdecker Troias in die Annalen der Archäologie einzugehen. Dabei wäre um ein Haar Calvert dieses Glück zuteil geworden. Charles Newton, der spätere Direktor des Britischen Museums, hatte nach Besuchen bei Calvert in London angeregt, diesem zur Planung von Ausgrabungen auf Hisarlik hundert Pfund zu überweisen. Das Vorhaben wurde aber nicht verwirklicht.

Die Tatsache, dass Schliemann in seinen Schriften die Anregungen und Hinweise, die er Calvert zu verdanken hatte, nicht in der gebotenen Form würdigte, lässt ihn in keinem guten Licht erscheinen. Calvert schrieb später einmal, Schliemann sei bei ihrem ersten Treffen im August 1868 »das Thema Hisarlik als Platz von Troia neu« gewesen. Der Tübinger Archäologe Gustav Gamer hält es sogar für wahrscheinlich, dass Schliemann – entgegen seinen Ausführungen – in diesem Jahr gar nicht auf Hisarlik gewesen war. »Sicher ist, dass, wenn Schliemann Hisarlik damals (9. 8. 68) gesehen hat, ihm die Bedeutung des Platzes unklar geblieben ist.«

Schliemanns Schweigen also und sein publizistisch geschickt genutzter Erfolg der eigenen Ausgrabungen, ließen den Anteil Calverts und anderer an der Identifizierung Troias auf Hisarlik schnell in den Hintergrund treten. In seiner Reisebeschreibung von 1868 vermerkt er lakonisch: »Nachdem ich zweimal die ganze Ebene von Troja aufmerksam untersucht habe, theile ich vollkommen die Ueberzeugung Calverts, dass die Hochfläche von Hissarlik die Stelle des alten Troja bezeichnet, und dass auf dem gesamten Hügel seine Burg Pergamus gelegen hat.« Später kam es dann auch zu zeitweiligen Verstimmungen zwischen beiden, an denen Schliemann die alleinige Schuld trug.

Noch im Dezember 1868, also wenige Monate nach seiner Abreise, schrieb Schliemann an Calvert und berichtete ihm von seinem Entschluss, den ganzen Hügel von Hisarlik ausgraben zu wollen. Mangels jedweder Grabungserfahrung und eingedenk der Kenntnisse Calverts, bat er diesen schriftlich um Beantwortung einer ganzen Reihe von Fragen: Wann ist die günstigste Zeit für Ausgrabungen? Welche Medikamente müssen gegen Fieber mitgebracht werden? Sind

Pistolen angeraten? Welche Geräte sind nötig? Gibt es genügend Arbeiter? Und nicht zuletzt sprach der Geschäftsmann aus ihm, wenn er sich nach den voraussichtlichen Kosten für das Unternehmen erkundigte und nach der dafür zu veranschlagenden Zeit.

Der erfolgreiche Kaufmann wird ein berühmter Altertumsforscher

Schliemann stand nun am Beginn eines neuen Lebensabschnitts. Das Leben als äußerst erfolgreicher Kaufmann sollte eingetauscht werden gegen ein nicht minder erfolgreiches Leben als Archäologe und Altertumsforscher. Was er in den kommenden zwei Jahrzehnten ans Tageslicht beförderte und welchen enormen Zugewinn an wissenschaftlichen Erkenntnissen seine Funde ermöglichten, war durchaus dazu angetan, alte Mythen lebendig werden zu lassen und neue Legenden zu schaffen, harte Auseinandersetzungen und rückhaltlose Zustimmungen zu motivieren. Bei diesen Diskussionen galt über Jahrzehnte hinweg Schliemanns Autobiographie als die gültige Sicht seines wirtschaftlichen und wissenschaftlichen Erfolgs. Und beides hatte er zur Genüge.

Die Polarisierungen um die Person Heinrich Schliemann und um die wissenschaftliche Bedeutung seiner Ausgrabungen sind bis heute nicht aus der Welt. Und sie werden wohl auch in der Zukunft noch ein Thema sein. Schliemann selbst hat mit seiner Lebensführung, seiner herrischen Art, mit Menschen umzugehen, und mit seinen Ansprüchen an sich und an die Welt viel zu diesem Wechselbad der Gefühle beigetragen. Auch die immer wieder festzustellende Mischung aus Wahrheit und bewusster Verschleierung oder gar Lüge, aus genauer Beobachtung und Phantasie in seinen Schriften hat diese kritische Sicht der Person begünstigt. Sympathisch machen sie diesen egomanischen und ruhmsüchtigen Vertreter seiner Epoche nicht. Seine unbestreitbaren Erfolge und seine Verdienste um die Archäologie der Bronzezeit, aber auch seine offensichtlichen Versuche, bereits zu Lebzeiten eine Legende um seine Person zu schaffen, haben lange eine kritische Sicht verhindert.

So geht die Forschung heute beispielsweise davon aus, dass Schliemann sein berühmtes Kindheitserlebnis an Weihnachten 1829, als der Siebenjährige mit seinem Vater übereinkam, einst die Mauern Troias finden zu wollen, schlichtweg erfunden hat. Ein im Leben so früh gefasster und mit Energie und Entbehrungen ausgeführter Plan passte gut in eine Autobiographie, die dem Legendentypus vom wirtschaftlich erfolgreichen Mann entspricht, der sich durch das Anhäufen von Reichtümern seinen Jugendtraum erfüllen kann und eine alte Kultur findet. Nicht ohne Grund sind hier Parallelen zu Henrik Ibsens 1867 entstandenem *Peer Gynt* gezogen worden.

Und selbst heute, wo es in vermeintlich ausreichendem zeitlichen Abstand eine große Zahl von Abhandlungen über ihn und seine Leistungen gibt, dominiert dennoch in einer breiteren Öffentlichkeit das Bild vom Aufsteiger aus ärmlichen Verhältnissen zum vielfachen Millionär, der sich durch seinen wirtschaftlichen Erfolg seinen Kindheitstraum verwirklichen konnte. Mit der Beharrlichkeit und der Unvoreingenommenheit des Außenseiters versetzte er die Riege der anerkannten Wissenschaftler in fassungsloses Staunen, als er die Welt der homerischen Helden in Troia und Mykene aus ihrem Dornröschenschlaf erweckte.

Es ist schier unmöglich, sich ohne Vorbehalt dem Menschen Heinrich Schliemann zu nähern. Scheitern muss auch der Versuch einer Charakterstudie oder gar eines Psychogramms. Dafür wissen wir denn doch zu wenig über ihn, trotz aller bislang gewonnenen Erkenntnisse. So reicht das Meinungsspektrum über ihn und seine Erfolge weiterhin von bewundernder Anerkennung bis hin zu gehässiger Ablehnung.

In mehreren Grabungskampagnen rückte Schliemann Hisarlik zu Leibe, in den Jahren 1871 bis 1873, 1878 und 1879 sowie 1882 und 1890. Es bleibt bewundernswert, in welch kurzer Zeit er seine dabei gewonnenen Ergebnisse der Öffentlichkeit präsentierte. Sein Troia, das er mit Homers *Ilias* in der Hand suchte – sie war für ihn Bibel, Baedeker und Geschichtsbuch in einem –, glaubte er auf dem gewachsenen Boden Hisarliks zu finden, das »Skäische Tor« ebenso wie den »Palast des Priamos«. Ein verheerendes Ergebnis dieses Glaubens ist der »Schliemann-Graben«, der den Hügel von Norden nach Süden durchschneidet – er ist heute ein Denkmal eigener Art. Bei seinen Arbeiten ging Schliemann anfangs wie ein Bergmann vor, suchte sein Troia auf dem »Boden« oder auf dem »Grund« des Hügels. Dabei zerstörte er zunächst alle darüber liegenden Reste der einzelnen Siedlungen. Aus heutiger Sicht war dieses Vorgehen eine unverantwortliche Art der Ausgrabung, vom damaligen Kenntnisstand her jedoch durchaus nachvollziehbar. Seinen Fehler erkannte Schliemann selbst sehr bald und änderte in den folgenden Jahren seine Grabungsmethode entsprechend.

Erst im Jahr 1890, in seiner letzten Ausgrabungskampagne, erkannte er wohl, dass seine »verbrannte Stadt« im Hügel, die »2. Ansiedlung«, nicht die von ihm gesuchte »heilige Ilios« gewesen sein konnte, dass sein Troia (Troia II) und damit auch sein in dieser Schicht entdeckter »Schatz des Priamos« gut tausend Jahre älter war als die mykenezeitliche Stadt. Den endgültigen Beweis für seinen Irrtum erfuhr Schliemann nicht mehr. Seinem Nachfolger Wilhelm Dörpfeld war es dann 1893 und 1894 vorbehalten, die Reste von Troia VI freizulegen, jener bedeutendsten und größten Anlage auf Hisarlik, die seither meist mit der bei Homer beschriebenen Stadt gleichgesetzt wird.

Der einmal getroffene Vergleich zwischen Kolumbus und Schliemann ist so falsch nicht: Beide suchten etwas Bestimmtes, das homerische Troia beziehungsweise die westliche Seepassage nach Indien. Beide fanden etwas anderes, archäologische Zeugnisse der mediterranen Bronzezeit respektive den Kontinent Amerika. Vielen gilt Schliemann heute, in einer Zeit, die dem Individuum nur sehr geringe Freiräume zu epochemachenden Taten zugesteht, als ein Vertreter der anscheinend im Aussterben begriffenen Gruppe von Persönlichkeiten, die Geschichte beeinflussen und nicht nur auf spezifische historische Verhältnisse reagieren.

Die Verdienste Schliemanns

Will man die Verdienste Schliemanns, der seine Arbeit prinzipiell sehr ernst nahm, für die Archäologie würdigen, so sind auf jeden Fall zu nennen: das Erkennen und die Beachtung der »Stratigraphie« im Hügel von Hisarlik, also die Bedeutung der heute als Binsenwahrheit geltenden Tatsache, dass eine Siedlungsschicht immer älter ist als die darüber liegende und: die Nutzung unscheinbarer Funde wie etwa Keramikscherben als Leittypen zur Erstellung einer relativen chronologischen Abfolge der Siedlungsschichten; das zeigt eine ganze Reihe von Tafeln in seinen Publikationen, auf denen Unmengen von solchen Scherben abgebildet sind.

Und Schliemann war der erste Archäologe, der seine Ausgrabungen mit Hilfe der Fotografie dokumentierte. Er tat dies in seinem *Atlas trojanischer Alterthümer.* Was heute für jede Ausgrabung eine pure Selbstverständlichkeit ist, war damals ein absolutes Novum. »Keinesfalls soll der Wissenschaft irgend etwas von meinen Entdeckungen entgehen; jeder Gegenstand, der irgendwie von Interesse für die gelehrte Welt sein kann, soll photographiert oder von einem geschickten Zeichner gezeichnet [...] werden; bei jedem Gegenstand wird man genau die Tiefe verzeichnet finden, in welcher er von mir entdeckt wurde.«

Schon in seinem *Bericht über die Ausgrabungen in Troja in den Jahren 1871–1873* schreibt er: »Meine Ansprüche sind höchst bescheiden, plastische Kunstwerke zu finden hoffe ich nicht. Der einzige Zweck meiner Ausgrabungen war ja von Anfang an nur, Troja aufzufinden, über dessen Baustelle von hunderten Gelehrten hundert Werke geschrieben worden sind, die aber noch niemals jemand versucht hat durch Ausgrabungen ans Licht zu bringen. Wenn mir nun dies nicht gelingen sollte, würde ich doch überaus zufrieden sein, wenn es mir nur gelänge, durch meine Arbeiten bis in das tiefste Dunkel der vorhistorischen Zeit vorzudringen und die Wissenschaft zu bereichern durch die Aufdeckung einiger interessanter Seiten aus der urältesten Geschichte des großen hellenischen Volks. Die Auffindung der Steinperiode, anstatt mich zu entmutigen, hat mich daher nur noch begieriger gemacht, bis zu der Stelle vorzudringen, die von den ersten hierher gekommenen Menschen betreten worden ist, und ich will bis dahin gelangen, sollte ich noch 50 Fuß zu graben haben.«

Als Schliemann mit seinen Grabungen in Troia begann, gab es die Archäologie der Vor- und Frühgeschichte als eigenes Fach an deutschen Universitäten noch nicht, im Gegensatz zur hauptsächlich den Kunstwerken zugewandten Klassischen Archäologie. Gerade aus diesem Lager schlug dem Ausgräber von Hisarlik manch harsche fachliche und persönliche Kritik entgegen. Aber vor allem auch die Herren Altphilologen – etwa Ulrich von Wilamowitz-Moellendorf (1848–1931) – und Althistoriker an den Universitäten mochten sich anfangs so gar nicht damit anfreunden, dass ein wissenschaftlicher Außenseiter festgelegte Meinungen umzukrempeln drohte. Was sollte man auch von einem Mann halten, der an Homer und dessen Beschreibungen in der *Ilias* wie an die Bibel glaubte; war man sich doch vielerorts sicher, es besser zu wissen. Auch der Althistoriker Gustav Droysen (1808–1884), einer der Großmeister seiner Zunft, hielt nichts von einem historischen Kern des Epos und schrieb 1857, man solle es bleiben lassen, aus »dem Homerischen Gedicht Tatsachen der äußeren Geschichte herauszukritisieren«.

Schliemanns Ausgrabungen in Troia sind nur ein Beispiel der *Ilias*-Rezeption im neunzehnten Jahrhundert. Aber seine Form – so vielen Irrtümern er auch dabei erlegen ist – war die, welche das damalige Geistesleben am stärksten beeinflusst und der Rezeption der homerischen Epen eine neue Dimension geschaffen hat. Wilhelm Dörpfeld nahm am Grab seines väterlichen Freundes und Mentors mit den Worten Abschied: »Ruhe aus in Frieden, Du hast genug getan.« Und Walter Leaf hat später die Verdienste Schliemanns treffend charakterisiert, als er schrieb: »Ein Mensch, der es schafft, die Welt mit einem völlig neuen Problem bekannt zu machen, kann die endgültige Lösung getrost denen überlassen, die nach ihm kommen.«

Schliemann hat vieles angestoßen oder ermöglicht. Und zu seinen wissenschaftlichen Leistungen gehört auch, dass er sich im Laufe der Jahre der Mitarbeit von Spezialisten aus verschiedenen Fachgebieten versicherte – wie etwa Rudolf Virchow 1879 und Wilhelm Dörpfeld 1882 –, die seinen Entdeckungen die wissenschaftlich fundierte Interpretation verschafften. Dass es oftmals Schliemanns »Erben« waren, die das Gefundene zum endgültigen Nutzen der Wissenschaft aufbereiteten, sollte nicht leichtfertig dazu verleiten, Schliemann den Erfolg desjenigen streitig zu machen, der diese Arbeiten überhaupt erst ermöglichte.

Manfred Korfmann, der heutige Ausgräber in Troia, ist davon überzeugt, »daß Heinrich Schliemann das Geschehen in Troia inhaltlich-thematisch stets bestimmte, und zwar über seinen Tod hinaus«, bis zum Abschluss der Grabungen Dörpfelds im Jahr 1894. Die wissenschaftlichen Leistungen Dörpfelds sind laut Korfmann hoch einzuschätzen. Aber dass mit ihm eine neue Grabungsepoche eingesetzt habe, verneint er. Ebenso lehnt er Sätze ab wie: »Schliemanns schönster Fund ist Dörpfeld« oder »Dörpfelds pädagogisches Meisterstück war die Erziehung Schliemanns zur Wissenschaft«.

Auch die Aussage, »die wissenschaftlich brauchbarsten Ergebnisse [seien] ausschließlich das Werk von Dörpfelds Forschergenialität«, kann nach Korfmann leicht in die falsche Richtung weisen. Eine solche Einschätzung der Situation kam freilich vielen Vertretern des Faches sehr entgegen, »da Schliemann zumindest in der archäologischen Anfangszeit äußerst umstritten war, Dörpfeld jedoch die Unterstützung der etablierten Kreise der Altertumswissenschaften hatte«.

Die Zuverlässigkeit von Schliemanns Angaben und Beobachtungen während seiner Ausgrabungen stehen – bis auf einige klare Fehleinschätzungen oder bewusste Verschleierungen von Tatsachen – im Grunde außer Zweifel. Und wer könnte dies besser beurteilen als diejenigen, die sich seit nunmehr dreizehn Jahren mit seinen Ausführungen beschäftigen, eben die Troia-Ausgräber von heute. Seine Glaubwürdigkeit hat gerade wieder Manfred Korfmann im Zusammenhang mit Schliemanns Auffindung des »Schatzes des Priamos« unterstrichen, wie schon vor ihm Donald F. Easton, Schliemann-Kenner und Mitarbeiter des Troia-Projekts. Das Urteil ist eindeutig: »Schliemann«, so Korfmann, »hat sich, was die Beschreibung der archäologischen Fakten bei seinen Ausgrabungen in Troia betraf, erneut als den Möglichkeiten entsprechend verläßlich und damit als professionell erwiesen«.

Und schließlich darf Korfmann zugestimmt werden, dass auch heute noch viele Wissenschaftler mit Schliemann darin übereinstimmen, was dieser schon unter dem 18. November 1871 niedergeschrieben hatte: »Wenn es jemals ein Troja gab – und mein Glaube daran steht fest –, so kann es nur hier auf der Baustelle von Ilium gewesen sein.« Die andere entscheidende Frage jedoch bleibt weiterhin ohne klare Antwort, nämlich diejenige nach der Historizität des in der *Ilias* von Homer beschriebenen Krieges zwischen mykenischen Griechen und Troianern.

Der »Schatz des Priamos« und andere Hortfunde – Beutekunst

Wie so oft in seinem Leben war Schliemann auch auf Hisarlik das Glück hold. So gelangen ihm in den ersten Grabungsjahren einige wichtige Entdeckungen. Zunächst stieß er auf die Helios-Metope des Athenatempels, die den Sonnengott auf einem Viergespann zeigt und die heute im Pergamonmuseum aufbewahrt wird. Dann legte er die berühmte Rampe mit der zugehörigen Toranlage aus Troia II/III frei, seiner »Verbrannten Stadt«, die er irrtümlich als das homerische Troia identifizierte. Für den Ausgräber gab es keinen Zweifel: Das musste die Rampe zum großen »Skäischen Tor« der *Ilias* sein.

Sofort erschienen vor seinem geistigen Auge die entsprechenden Szenen aus dem Epos, die seinen Fund in romantischer Weise illustrierten: »Also neben diesem doppelten Tor, auf Iliums großem Turm, am Rand des sehr schroffen Bergabhangs der Pergamos saßen Priamos, die sieben Stadtältesten, und Helena, und hier fällt die herrlichste Szene der *Ilias* (III,146–244) vor; von hier aus überschaute die Gesellschaft die ganze Ebene und sah am Fuß der Pergamos die Heere der Trojaner und der Achäer nebeneinander, um den Vertrag abzuschließen, den Krieg durch einen Zweikampf zwischen Paris und Menelaos entscheiden zu lassen. Wenn Homer (VI,390–393) den Hektor von der Pergamos hinabsteigen und die Stadt durchstürmen läßt, um zum Skäischen Tor zu gelangen, so kann dies einzig und allein daher kommen, daß letzteres sowie die Straße, die von demselben nach der Ebene hinunterführte, durch die Zerstörung Trojas mit 3 Meter hohen Schuttmassen bedeckt und nur durch die Tradition bekannt, die eigentliche Lage desselben aber unbekannt war.«

In der Nähe des Tores legte Schliemann dann Mauerreste frei, die er zunächst einem Gebäudekomplex zuwies und die er – sich wiederum irrend – als »Haus des Priamos« bezeichnete. Diese Bezeichnung war seiner Meinung nach konsequent. Denn nachdem er vermeintlich das »Skäische Tor« entdeckt hatte, musste das daneben liegende Haus dasjenige des Königs von Troia sein. In diesem Grabungsabschnitt gelang ihm am 31. Mai 1873 ein großartiger Fund, den er in seinem *Bericht über die Ausgrabungen in Troja in den Jahren 1871 –1873* unter dem Datum des 17. Juni vermerkte. Unmittelbar neben dem Gebäude, auf der mächtigen Befestigungsmauer, stieß er »auf einen großen kupfernen Gegenstand höchst merkwürdiger Form, der um so mehr meine Aufmerksamkeit auf sich zog, als ich hinter demselben Gold zu bemerken glaubte [...]. Um den Schatz der Habsucht meiner Arbeiter zu entziehen und ihn für die Wissenschaft zu retten, war die allergrößte Eile nötig, und, obgleich es noch nicht Frühstückszeit war, so ließ ich doch sogleich ›païdos‹ [...] ausrufen, und während meine Arbeiter aßen und ausruhten, schnitt ich den Schatz mit einem großen Messer heraus, was nicht ohne die allergrößte Kraftanstrengung und die furchtbarste Lebensgefahr möglich war, denn die große Festungsmauer, welche ich zu untergraben hatte, drohte jeden Augenblick auf mich einzustürzen. Aber der Anblick so vieler Gegenstände, von denen jeder einzelne einen unermeßlichen Wert für die Wissenschaft hat, machte mich tollkühn, und ich dachte an keine Gefahr. Die Fortschaffung des Schatzes aber wäre mir unmöglich geworden ohne die Hilfe meiner lieben Frau, die immer bereit stand, die von mir herausgeschnittenen Gegenstände in ihren Shawl zu packen und fortzutragen.«

Am Ende hatte Schliemann einen Hort geborgen, der nicht weniger als 8833 Einzelstücke umfasste; 8750 davon aber waren kleine, nur wenige Millimeter große Ringe,

Sternchen, Würfel, Prismen, Blättchen oder Knöpfe. Zu den großen Teilen aus Kupfer oder Edelmetall zählten Kupferplatten, ein großer Kupferkessel mit 42 Zentimetern Durchmesser und 14 Zentimetern Höhe; weiterhin eine 15 Zentimeter hohe und 403 Gramm schwere Flasche aus reinem Gold sowie zwei Goldbecher von 226 und 600 Gramm Gewicht.

Der schwere, 9 Zentimeter hohe und knapp 19 Zentimeter lange Becher hatte die »Form eines Schiffes mit zwei großen Henkeln; auf der einen Seite ist ein 7 Zentimeter, auf der anderen Seite ein 3 Zentimeter breiter Mund zum Trinken; wie mein geehrter Freund, der Professor Stephanos Kumanu-

»depas amphikypellon« (Rekonstruktion)
Goldene Trinkschale aus dem »Schatz des Priamos«

© Bildarchiv Stiftung Preußischer Kulturbesitz, Berlin

des aus Athen bemerkt, mag derjenige, welcher den gefüllten Becher hinreichte, aus dem kleinen Mund getrunken haben, um als Ehrenbezeugung den Gast aus dem großen Mund trinken zu lassen«. In diesem Gefäß wollte Schliemann »auf jeden Fall das homerische δέπας αμφικύπελλον« (depas amphikypellon) erkennen, die in *Ilias* und *Odyssee* erwähnte Form eines Doppelbechers. Der berühmteste Becher dieser Art ist wohl der mit Tauben verzierte Doppelbecher des Nestor.

Zu dem Schatz gehörten weiterhin andere Gefäße und Gegenstände aus Gold, Silber und Kupfer, darunter drei Silbervasen von 21, 18 und 17,5 Zentimetern Höhe. In der größten Vase lagen die berühmten zwei goldenen Diademe, ein Stirnband und vier kunstvoll gearbeitete Ohrgehänge, 56 goldene Ohrringe, sechs goldene Armbänder und die erwähnten 8750 kleinen Goldteile. Berühmt geworden sind diese Schmuckstücke vor allem durch das bekannte Foto von Sophia Schliemann, auf dem sie die schönsten Funde angelegt hat.

Ein solch wertvoller Schatz konnte nur aus königlichem Besitz stammen. Und was lag näher, als ihn der Familie des Priamos zuzuweisen? Die Interpretation der Fundsituation deutete ja auch klar darauf hin, dass die Gegenstände hastig zusammengerafft und schnell versteckt worden waren, bevor eine große Brandkatastrophe der Stadt ein furchtbares Ende bereitete – nach Schliemanns Meinung war es die Zerstörung Troias durch die Krieger Agamemnons.

Dieser reichste von mehreren im Laufe der Jahre entdeckten Hortfunde wird in der Wissenschaft als »Schatzfund A« bezeichnet, ist als »Schatz des Priamos« in die Annalen der Archäologie eingegangen. Die Bezeichnung hat sich bis heute hartnäckig gehalten, ja, sie ist geradezu zum Synonym für alle von Schliemann in Troia gemachten Schatzfunde geworden. Der Entdecker selbst aber relativierte diese Zuschrei-

Sophia Schliemann mit dem Schmuck aus dem
»Schatz des Priamos«
Zeitgenössischer Stich nach einer Fotografie

bung: »Ich kann natürlich nicht beweisen, dass der Name des Königs, des Besitzers des Schatzes, wirklich Priamos war, ich nenne ihn aber so, weil er mit diesem Namen von Homer und von der ganzen Tradition genannt wurde. Alles was ich beweisen kann, ist, daß der Palast dieses Besitzers des Schatzes, dieses letzten trojanischen Königs, gleichzeitig mit dem Skäischen Tor, der großen Ringmauer und dem großen Turm in der Katastrophe untergegangen ist, welche die ganze Stadt verheerte.«

Schliemanns Interpretation der Funde und Befunde war bekanntlich falsch. Er irrte bei seiner Verbindung von Personen der *Ilias* mit den Grabungsergebnissen auf Hisarlik ebenso wie wenige Jahre später in Mykene, als er die fürstlichen Grablegen innerhalb der Befestigungsmauern entdeckte und der Meinung war, die hier Bestatteten seien Angehörige der Familie des Agamemnon gewesen. Wenn es Agamemnons Geschlecht jemals gegeben hatte, so war dieses um rund drei Jahrhunderte jünger als die Toten mit den Goldmasken, deren berühmteste als diejenige des Agamemnon aber noch heute von manchem beflissenen Fremdenführer im Athener Nationalmuseum bezeichnet wird.

Illegale Ausfuhr und Prozess in Athen

Was nach der Entdeckung des Schatzes folgte, gehört zu Schliemanns unrühmlichen Taten. Ohne die türkischen Behörden über seinen Fund zu informieren, schmuggelte er ihn klammheimlich nach Griechenland. Höchstwahrscheinlich war der Schatz in sechs Körben und einem Beutel verpackt, die Schliemann an Frank Calverts Bruder Frederic mit der dringenden Bitte schickte, darauf aufzupassen und keinesfalls Türken den Zugriff zu ermöglichen. Sein Misstrauen muss so stark gewesen sein, dass Schliemann auch den Calverts nichts von dem Schatz erzählte.

Zurück in Athen, konnte sich der glückliche Finder aber so gar nicht in dem Ruhm sonnen, der auf das Bekanntwerden der Stücke folgte. Die Türkei war keinesfalls gewillt, die Entwendung des Schatzes einfach hinzunehmen. Und Schliemann verkalkulierte sich auch gründlich in seiner Einschätzung der griechischen Regierung, die auf politischen Druck der Türkei hin kurzerhand den Fund beschlagnahmen wollte. Auch das schnelle Verstecken der Einzelteile an verschiedenen Orten in Griechenland half nicht mehr. Im April 1874 wurde in Athen der Prozess gegen Schliemann eröffnet, der ein Jahr später mit der gerichtlichen Entscheidung endete, dass er an das Museum in Konstantinopel zehntausend Goldfrancs als Entschädigung zahlen musste.

Schliemann, der einmal den Wert des Schatzes auf mehr als eine Million Francs geschätzt hatte, überwies nun fünfzigtausend Goldfrancs und schickte dazu noch eine Reihe von Funden aus Troia an das Museum. Damit war der Fall für ihn abgeschlossen, und er fühlte sich als der rechtmäßige Besitzer des Fundkomplexes. Im Gegenzug erwartete er von der türkischen Regierung die Erneuerung seiner Grabungserlaubnis für Troia. Die wurde ihm zwar erst 1876 für weitere zwei Jahre erteilt – aber er erhielt sie trotz der vorhergegangenen gerichtlichen Auseinandersetzung. Mit der Ausstellung dieses Fermans muss von der stillschweigenden Einstellung der osmanischen Regierung ausgegangen werden, dass für sie der »Fall Schliemann« in der Angelegenheit »Schatz des Priamos« abgeschlossen war.

Bei seinen weiteren Grabungen in Troia entdeckte Schliemann noch eine weitere Reihe so genannter Schatzfunde, wenngleich auch weniger wertvolle und nicht so prächtige. Aber während der Kampagne in seinem Todesjahr 1890 gelang ihm noch ein wissenschaftlich hoch bedeutender Fund, den er erneut vor der türkischen Regierung und sogar vor seiner Frau verheimlichte. Wilhelm Dörpfeld dagegen, sein Mitarbeiter und Freund, war Zeuge bei der Auffindung. Außer goldenen Nadeln, sieben knaufartigen, so genannten Szepterbekrönungen aus Bergkristall, verschiedenen Karneol-, Silber- und Goldschmuckstücken sowie Eisen, das in der Bronzezeit noch besonders wertvoll war, barg er aus der Erde vier polierte Prunkbeile, deren jedes länger als dreißig Zentimeter war. Drei waren aus grünem Nephrit gearbeitet, das vierte aus blauem Lapislazuli. Auch im Falle dieses als »Schatzfund L« bezeichneten Komplexes handelte Schliemann selbstherrlich und – man muss es so formulieren – kriminell. Wie er auch diese Kostbarkeiten außer Landes brachte, ist unbekannt. In Griechenland deklarierte er sie als ägyptische Antiken und erhielt daraufhin die Einfuhrgenehmigung.

Im Bericht über die Ausgrabungen des Jahres 1890 verharmlost Schliemann eindeutig die Bedeutung der Funde, erwähnt das Eisenobjekt lediglich als Beweis dafür, dass in der »Zweiten Stadt« Eisen bekannt gewesen war, und nennt vier große Steinbeile, die dabei gefunden worden seien, dazu »andere kleine Gegenstände«, die »in der Hauptpublikation beschrieben werden sollen«.

Echtheit und Datierung des »Schatzes des Priamos«

Am »Schatz des Priamos« haben sich bis in jüngste Zeit die Gemüter einzelner Wissenschaftler entzündet. Immer wieder wurde die Echtheit dieses berühmten Fundes in Zweifel gezogen, seinem Entdecker Lüge und Fälschung vorgeworfen. Unter anderem unterstellte man Schliemann, er habe Teile des Komplexes schlichtweg zusammengekauft. In die-

Der »Schatz des Priamos«
Fotografie (Tafel 204) aus Schliemanns
Atlas trojanischer Alterthümer

ser Angelegenheit spielt vor allen der amerikanische Gelehrte David Traill eine traurige Rolle. Sicher, Schliemann selbst hatte bereits für Zweifel an der Echtheit seines Fundes gesorgt. Seine Angaben über Fundzeit und -ort differierten im Laufe der Jahre. Außerdem konnte ihm nachgewiesen werden, dass seine Frau Sophia bei der Bergung des Schatzes überhaupt nicht dabei gewesen sein konnte. Zu diesem Zeitpunkt war sie in Athen. Der Grund, weshalb Schliemann seiner Frau eine im wahrsten Sinne des Wortes tragende Rolle bei der Auffindung gegeben hat, mag in seinem Wunsch begründet liegen, ihr damit ein weiteres Denkmal bei seiner Suche nach Troia zu setzen.

Gegen die Fälschungstheorie konnte jedoch beispielsweise die Tatsache ins Feld geführt werden, dass zahlreiche Teile des Schatzes in noch ungereinigtem Zustand fotografiert und im ein Jahr nach der Auffindung erschienenen *Atlas trojanischer Alterthümer* abgebildet wurden. Die Zeit für eine Verfälschung oder gar Fälschung des Fundes wäre also nur sehr kurz gewesen. Heute gibt es keine ernstzunehmenden Zweifel mehr an der Echtheit und chronologischen Zusammengehörigkeit des Schatzes. Das hat auch Manfred Korfmann, der die originalen Teile selbst eingehend betrachten konnte, nochmals in einer Abhandlung unterstrichen, in der er sich mit dem Fundort und der Datierung von Schliemanns Schatzfunden beschäftigt.

Im Zusammenhang mit Restaurierungsmaßnahmen an der jüngsten Burgmauer von Troia II im Sommer 1998, in dem Bereich, wo Schliemann seinen ersten Schatzfund entdeckt hatte, prüfte Korfmann erneut die Angaben des Ausgräbers und die Fundsituation vor Ort. Dabei kam er zu dem Ergebnis, dass der »Schatz des Priamos« innerhalb eines Gebäudes verborgen war, nämlich in einem Teil der alten Toranlage FL, genauer: innerhalb der Torwange dieser Anlage, die abgetragen und verschlossen wurde, als die Toranlage FM, Schliemanns »Skäisches Tor«, gebaut wurde. Fragt man nach dem ursprünglichen Grund für die Vermauerung des Schatzes, so sind nach Korfmann »Schlagworte wie ›Bauopfer‹ im Sinne einer ›Grundsteingabe‹ an markanter Stelle möglich, oder schlicht ein Versteckfund in besonders gut zu verteidigender Umgebung. Der wahre Sinn wird sich [...] nicht abschließend klären lassen – zumindest so lange nicht, bis weitere analoge Fundsituationen aus Troia oder anderswo bekannt werden.« Interessanterweise lag auch der »Schatz L«, zu dem die vier Prunkbeile gehören, ebenfalls innerhalb einer Torwangenkonstruktion.

Auf Grund dieser Tatsache und anderer Überlegungen kommt Korfmann zu dem Ergebnis, dass die Schliemann'schen Schatzfunde keineswegs – wie auch noch von Blegen favorisiert – durchweg in die Schicht der »Verbrannten Stadt«, also zu Troia IIg gehören, sondern teilweise älter, Troia II Mitte, oder in das jüngere Troia III zu datieren sind. Für eine Frühdatierung gerade des »Schatzfundes A« sprechen auch die Formen des goldenen »Depas amphikypellon« und das Gefäß, in dem der Großteil des Schatzes verwahrt war. Der Schatz steht demnach in einem zeitlichen Zusammenhang, »mit dem der Bau oder die Benutzung des Tores FL zu verbinden ist«. Korfmanns Datierung »um 2500 v. Chr. oder auch etwas davor« wurde jetzt auch durch die 14C-Datierung aus der Holzkonstruktion der Torgasse FL bestätigt: mit einer Wahrscheinlichkeit von über 90 Prozent gehört sie in die Jahre zwischen 2670 und 2570 v. Chr.

Das Schicksal der Schliemann-Sammlungen

Schon sehr früh hatte sich Heinrich Schliemann Gedanken darüber gemacht, was er mit seiner überreichen und spektakulären Sammlung troianischer Altertümer machen sollte. Dabei ließ er sich von den für ihn typischen Überlegungen leiten, wie er seine Funde dazu nutzen könnte, um seinen Ruhm zu mehren, und vor allem: wie er sich ein Denkmal setzen könnte, das auch nach seinem Tod von seinem Ruhm kündete. Seine sprunghaften Ideen und seine Angebote an verschiedene Länder und Museen jedenfalls machen deutlich, dass er sich keinesfalls von Anfang an sicher war, wohin er seine Schätze schließlich geben würde. Und er war in dieser Angelegenheit alles andere als selbstlos. Vielmehr nutzte er seine Sammlung als schlagkräftige Waffe im Kampf um die erhoffte öffentliche Anerkennung. Wer etwas von ihm haben wollte, der musste dem Kaufmann auch etwas bieten. Und wem der finanziell unabhängige Schliemann etwas anbot, der hatte eben auf dessen Forderungen einzugehen.

So erwartete er zum Beispiel für das Versprechen, die Sammlung nach seinem Tod an Griechenland zu geben, unter anderem ein entsprechendes Entgegenkommen der offiziellen Stellen für seine geplanten Grabungen in Mykene, Olympia und anderswo, dazu das Besitzrecht an den anfallenden Funden zu seinen Lebzeiten. Das Angebot wurde abgelehnt – nach Schliemanns Verhalten in der Türkei eine nur zu verständliche Entscheidung. Andere Nationen, die in seinen Überlegungen über kurz oder lang eine Rolle spielten, waren England, Frankreich, Italien und Russland.

Im Jahr 1877 schickte Schliemann 4416 Fundstücke aus seinen Troia-Grabungen nach London, wo sie im South-Kensington-Museum ausgestellt wurden. Der Grund für diese Entscheidung war wohl sein Ärger über Griechenland. Dazu kam die Tatsache, dass man ihm in England Anerkennung zollte und Ehren zuteil werden ließ. An Deutschland, wo ja der unerbittlich harte Kern seiner akademischen Gegner saß, dachte Schliemann überhaupt nicht.

Die Schliemann-Sammlung kommt nach Deutschland

Dass die gesamte Sammlung troianischer Altertümer samt der zahlreichen Goldfunde schließlich doch noch nach Deutschland kam, ist dem Arzt, Politiker, Anthropologen und Ur- und Frühgeschichtler Rudolf Virchow zu verdanken. Virchow hatte auf Einladung Schliemanns im Frühjahr 1879 an den Grabungen in Troia teilgenommen und dessen Sinneswandel bewirkt. »Sie haben mich mit Deutschland ausgesöhnt«, schrieb ihm dieser später. Für den Entschluss, am 9. September 1879 sein Testament zugunsten Deutschlands zu ändern, war Selbstlosigkeit natürlich nicht die Triebfeder. Wünsche mussten berücksichtigt, unmögliche Forderungen abgewiegelt werden – etwa die Auszeichnung mit dem Orden Pour le Mérite oder die Mitgliedschaft in der Preußischen Akademie der Wissenschaften. Virchow, der sich persönlich vehement dafür einsetzte, die Sammlung für Berlin zu gewinnen, meinte schließlich, offensichtlich entnervt: »Sie haben doch Ihre Sammlungen nicht nach Berlin gegeben, um Ehrenbezeigungen zu empfangen.« Aber sicher wusste er auch, dass dies doch so war.

Am 24. Januar 1881 nahm Kaiser Wilhelm I. die Schenkung für das deutsche Volk an, »zu ewigem Besitze und ungetrennter Aufbewahrung in der Reichshauptstadt«. Entsprechend den Schenkungsbedingungen verfügte Wilhelm,

»daß die Sammlung in so vielen besonderen Sälen des im Bau begriffenen hiesigen ethnologischen Museums aufbewahrt werde, als zu ihrer würdigen Aufstellung erforderlich sind [...], und dass die zu ihrer Aufbewahrung dienenden Säle für immer Ihren Namen tragen«. Außerdem wurde der »Kaufmann und Altertumsforscher« Heinrich Schliemann im Juli desselben Jahres der vierzigste Ehrenbürger Berlins. Im selben Jahr traf, in vierzig Kisten verpackt, die zweite Sendung mit Troia-Funden aus London in Berlin ein.

Da der Neubau des Völkerkunde-Museums noch nicht fertiggestellt war, wich man in den benachbarten Gropius-Bau aus, ins damalige Kunstgewerbe-Museum. Schliemann selbst nahm dort die erste Aufstellung seiner Funde vor. Auch als 1885 die neuen Räume im Völkerkunde-Museum bezogen werden konnten, ordnete der Ausgräber dort seine Schätze selbst ein. Fortan waren Troias Gold und andere Funde Glanzpunkte der Prähistorischen Abteilung. Ein Jahr später kam erneut eine Schenkung nach Berlin, die ebenfalls vom Kaiser angenommen wurde; und weitere folgten noch im Laufe der Zeit.

Eines jedoch konnte Schliemann nicht durchsetzen: die nach seinen Vorstellungen vollständige Präsentation der Troia-Funde, also auch die Präsentation der nach Tausenden zählenden, im Gegensatz zum Gold aber unscheinbar anmutenden Keramiken. Nach seinem Tod folgte der Rest seiner Sammlung in fünfzig Kisten – Absender war Schliemanns Witwe Sophia. »Auf jeden Fall habe ich durch Testament alle in meinem Haus in Athen befindlichen Altertümer aus Troja der Stadt Berlin vermacht, so daß auch die jüngst gefundenen Schätze Besitz des Vaterlandes werden.« Das schrieb Schliemann am 9. Dezember 1890 an den Archäologen Werner Conze, wenige Tage vor seinem Tod in Neapel.

Schenkung von Dubletten und Katalogisierung

In den folgenden Jahren wurden aus Schliemanns Sammlung 7487 Dubletten ausgesondert und an rund vierzig Sammlungen von Universitäten und Museen in Deutschland und nach Athen abgegeben, was im Grunde den Schenkungsbedingungen widersprach. Der 1902 von Hubert Schmidt veröffentlichte wissenschaftliche Katalog der Berliner Sammlung nannte dann 9704 Positionen von Troia-Funden. Die Gesamtzahl war deutlich höher, da gleichartige Stücke aus derselben Schicht schlicht als »Doublette« gewertet wurden; sie erhielten somit dieselbe Katalognummer. Die nicht aus Troia stammenden Funde erhielten die Katalognummern 9705 bis 11 879. Sie wurden zwar nicht veröffentlicht, aber ebenfalls neu geordnet. Zu diesem Komplex gehören Stücke aus den Tumuli und von anderen Fundorten in der Troas, aus Griechenland und aus Ägypten.

Im Jahr 1921 musste die Schliemann-Sammlung erneut umziehen. Zusammen mit der Prähistorischen Abteilung kam sie wieder zurück in den Gropius-Bau und wurde dort neu präsentiert. Einem im gleichen Jahr erschienenen Führer ist zu entnehmen, dass die Funde aus Troia I bis Troia VII in 37 Schränken und Vitrinen ausgestellt und im Umgang 23 die Stücke aus Troia VIII und Troia IX zu sehen waren. »Metopen vom Athenatempel, Inschriften, Keramik, Lampen, Metallgerät. Ein Ständer voll ägyptischer Stoffe« ist dort zu lesen. Funde aus Mykene waren im Saal 7 untergebracht. Die kostbare und wissenschaftlich weltberühmte Sammlung der Prähistorischen Abteilung zählte damals mehr als 200 000 Stücke.

Die Odyssee des Schliemann-Goldes vom Berliner Flak-Bunker ins Moskauer Puschkin-Museum

Das weitere Schicksal der Schliemann-Sammlung insgesamt und der Schatzfunde im Besonderen hängt unmittelbar zusammen mit dem Schicksal der anderen wertvollen Inventare des im Jahr 1931 selbständig gewordenen Museums für Vor- und Frühgeschichte. Bereits 1934 waren die Berliner Museen mit Blick auf potentielle kriegerische Auseinandersetzungen zu einer Bewertung ihrer Bestände aufgefordert worden. Diese wurden daraufhin in drei Kategorien erfasst: »Unersetzliches«, »Wertvollstes« und »Übriges«. Etwa 3500 Objekte hatte das Museum unter der Kategorie »Unersetzliches« rubriziert. Von diesen wiederum galten etwa 1500 Gegenstände als »Tresorgut«. Für dieses »Tresorgut« wurden drei Kisten angefertigt, zwei in den Maßen 59 mal 50 mal 48 Zentimeter und eine in den Maßen 93 mal 39 mal 30 Zentimeter.

Der damalige Direktor des Museums für Vor- und Frühgeschichte war Wilhelm Unverzagt (1892–1971), der von 1925 bis zum Ende des Zweiten Weltkriegs die Geschicke des Hauses leitete und danach oberster Archäologe der DDR war. Mit Ausbruch des Krieges begann die Verpackung der Gegenstände in die vorbereiteten Kisten. Vor der Versiegelung wurde in jede die Durchschrift einer Packliste gelegt. Die drei Kisten und dreißig Tragekästen mit etwa 1800 weiteren Stücken der Kategorie »Unersetzliches« – vornehmlich aus der Bronzezeit – blieben zunächst im Tresorraum im Untergeschoss des Gropius-Baus.

Im Verlauf des Krieges musste das Wertvollste aus den Räumen geborgen werden, die durch Bombentreffer gefährdet waren. Im Tresorraum 5 der Preußischen Staatsbank konnte das Museum für Vor- und Frühgeschichte Räume anmieten. Dorthin wurden die drei Kisten mit dem Gold aus Troia und die anderen Kostbarkeiten am 22. und 31. Januar 1941 ausgelagert. Zwischen dem 24. und 26. November desselben Jahres erfolgte die Verlegung in den inzwischen fertiggestellten Flakturm am Zoo. Dort lagerten die Schätze in den Räumen 10 und 11 bis zum Frühjahr 1945. In diesem Flakturm, Berlins größtem Museumsdepot, wurden beispielsweise auch der Pergamonaltar und die Büste der Nofretete aufbewahrt.

In den letzten Kriegswochen wurden noch etwa 450 Kisten mit Museumsstücken aus Berlin ausgelagert, etwa 370 Kisten blieben im Stadtschloss in Berlin zurück. Diese überstanden das Kriegsende unversehrt und wurden in die damalige Sowjetunion verbracht. 1958 wurden sie an Berlin zurückgegeben. Vom 6. März 1945 datiert ein »Führerbefehl«, der schnellstens die Sicherung der Berliner Kunstschätze anordnete, da abzusehen war, dass die Rote Armee und nicht die Streitkräfte der Westalliierten die Stadt einnehmen würde. So erreichten Transporte noch Salzbergwerke im Werragebiet, bei Schönebeck und Grasleben bei Helmstedt, die alle später von amerikanischen Truppen besetzt wurden. Diese von den alliierten Truppen beschlagnahmten Stücke wurden 1956 zurückgegeben und gingen ins Eigentum der Stiftung Preußischer Kulturbesitz über.

Seit 1960 hatte das Museum für Vor- und Frühgeschichte seinen Sitz im Langhansbau von Schloss Charlottenburg. Drei Jahre später wurde das Museum für Ur- und Frühgeschichte bei den Staatlichen Museen zu Berlin in der damaligen DDR gegründet. In dessen Bestand gliederte man die von der Sowjetunion 1958 zurückgegebenen Stücke ein, die in 589 Kisten den Krieg überstanden hatten.

Die »Wiederentdeckung« des »Schatzes des Priamos«

Es erscheint aus heutiger Sicht unglaublich, dass das Nachkriegs-Schicksal des »Priamos-Schatzes« und auch anderer Kostbarkeiten aus dem Berliner Museum für Vor- und Frühgeschichte über fast ein halbes Jahrhundert hinweg ein Geheimnis geblieben war. Bis zu der offiziellen Bestätigung des damaligen russischen Kulturministers Jewgeni Sidorow Ende August 1993, der eigenen Angaben zufolge Teile des »Priamos-Schatzes« in Händen gehalten hatte, war es ein langer, in Teilen geradezu grotesker Weg.

Bis zu diesem Zeitpunkt musste man davon ausgehen, dass das Gold von Troia in den Wirren der Endphase des Zweiten Weltkrieges oder in der Nachkriegszeit verschollen oder ganz und gar verloren gegangen sei. Das Thema schien abgeschlossen, man hatte sich mit dem endgültigen Verlust des »Schatzes des Priamos« abzufinden, dem Schatz, der »gleichsam eine Art Oberbegriff, Symbol für alle Schätze Deutschlands« war, wie Klaus Goldmann vom Berliner Museum für Vor- und Frühgeschichte damals in einer Dokumentation über Schliemanns Gold und die Schätze Alteuropas geschrieben hatte.

Nur wenige gingen den Spuren nach, die sich in den letzten Kriegstagen zu verlieren schienen. Und nur selten drangen Einschätzungen an die Öffentlichkeit, der Schatz sei womöglich doch noch erhalten und irgendwo versteckt in ungeöffneten Verliesen. Bei diesen »Suchexpeditionen« wusste man auch überhaupt nicht, wo danach zu suchen sei, ob in Amerika oder in der damaligen Sowjetunion. Die Geheimhaltung der entsprechenden Akten und die Atmosphäre des Kalten Krieges erschwerten derartige Bemühungen, ja machten sie unmöglich.

Es ist heute müßig, darüber nachzugrübeln, welche Rolle der Neubeginn der Ausgrabungen in Troia 1988 bei der wieder international virulent gewordenen Frage nach dem Verbleib des Troia-Goldes gespielt hat, obwohl damals bereits hinter mehr oder weniger vorgehaltener Hand darüber gesprochen wurde, die Stücke seien keinesfalls verloren, sondern anscheinend in der Sowjetunion. Entscheidend für die erfolgreiche Wiederaufnahme der Frage nach dem Verbleib dieser Kriegsverluste waren »Perestroika« und »Glasnost« am Vorabend der Auflösung der Sowjetunion. Ohne diese Entwicklung, welche die Welt nach dem Zweiten Weltkrieg entscheidend verändert hat, wäre die Frage wohl weiterhin ohne endgültige Antwort geblieben.

Es war ein langer Weg und ein unsägliches Hin und Her auf dem politischen Parkett von der ersten Nachricht im November 1990, das Gold aus Troia sei in der Sowjetunion, genauer: im Moskauer Puschkin-Museum, bis zur eindeutigen Bestätigung im Spätsommer 1993, dass die Schätze tatsächlich erhalten geblieben waren. Irina Antonowa, die Direktorin des Puschkin-Museums, leugnete bis zum Schluss die Existenz der Funde in ihrem Haus. Dabei war sie unter den Ersten gewesen, welche die Stücke nach dem Abtransport aus Berlin überhaupt sahen, nachdem am 9. Juli 1945 die berühmten drei Kisten ins Museum gekommen waren. Deren Inhalt wanderte in die numismatische Abteilung des Puschkin-Museums, wo sie jahrzehntelang vor den Augen der Welt verschwanden. Der Eingang zu dem Raum, wo die Schätze lagerten, lag nach den Worten des russischen Kunstexperten Konstantin Akinsha, der an der Wiederauffindung maßgeblich beteiligt war, »im Besucherbüro des Museums – Tausende von Menschen haben diesen Raum betreten, ohne die geringste Ahnung davon zu haben, dass wenige Schritte entfernt hinter einem Vorhang und einer davon verdeckten Stahltür eines der größten Geheimnisse der Nachkriegszeit in Europa verborgen war«.

Es dauerte noch einmal Jahre, bis die Schätze in einer Ausstellung im Puschkin-Museum der Welt präsentiert und in einem Katalog dokumentiert wurden. Das weitere Schicksal scheint vorerst besiegelt. Russland betrachtet die »Beutekunst« als sein Eigentum, als Kompensation für erlittene Kriegsschäden. Diese Einstellung widerspricht klar der Haager Konvention und gültigen Verträgen. Die Zukunft wird zeigen, ob die russische Entscheidung in puncto Troia-Gold das letzte Wort ist. Die Welt kann jedenfalls glücklich sein, dass die troianischen Schatzfunde überhaupt noch vorhanden sind und wieder das Licht der Öffentlichkeit erblickt haben.

Homer
Der Dichter der *Ilias*

Die *Ilias* und die *Odyssee* sind die ersten uns erhaltenen Beispiele abendländischer Literatur. Für die Griechen waren die beiden in Hexameter-Versen überlieferten Epen – in der tradierten Form zählt die *Ilias* 15693 und die *Odyssee* 12109 Verse – die schriftliche Überlieferung der eigenen Frühzeit, ein Teil der Geschichte ihrer mythischen Helden, gleichsam geschriebene Historie. Für Heinrich Schliemann wurden Homers Werke, insbesondere die *Ilias*, geradezu zum Evangelium, an dessen Botschaft er zu Beginn seiner Grabungen unbedingt glaubte und dessen Wahrheit er mit dem Spaten nachweisen wollte. Und seine unglaublichen Funde und Entdeckungen, die er in Troia, Mykene oder Tiryns machte, schienen ihm Recht zu geben, seine von vielen als naiv bezeichnete Überzeugung zu bestätigen.

Wer aber war nun Homer, den die Griechen als ihren Dichterfürsten anerkannten, dessen Schilderungen die meisten Menschen in der Antike glaubten? Wann und wo hatte der Dichter des griechischen Nationalepos gelebt? Hat er, unter dessen Namen rund 28000 Hexameter-Verse überliefert sind, nicht auch Nachrichten über sein eigenes Leben hinterlassen, eine Selbstbiographie oder wenigstens autobiographische Einzelheiten? Oder hat nicht einer seiner Zeitgenossen etwas über ihn bewahrt, über den Mann, dessen Name doch sicher »in aller Munde« gewesen sein musste?

Eine Durchsicht der antiken Überlieferung zu Homer gibt streng genommen keine befriedigenden Antworten auf die gestellten Fragen. Bereits die Antike wusste nichts mehr Genaues über ihren Dichterfürsten zu sagen. Das ist im Grunde auch nicht verwunderlich, da Homer am historischen Beginn der schriftlichen Überlieferung steht und er eigentlich erst derjenige gewesen ist, durch dessen Wirken griechische Texte etabliert wurden. Allgemeiner Überlieferung zufolge jedenfalls galt der sprichwörtliche Satz: »Homer caecus fuisse dicitur«, Homer, so wird gesagt, soll blind gewesen sein. Diese Feststellung galt zumindest für die zweite Lebenshälfte des Dichters während der Antike als gesichert. Sie ist in der schriftlichen Überlieferung auch mehrfach belegt. So ist beispielsweise Thukydides überzeugt, dass Homer tatsächlich der Dichter des damals unter seinem Namen überlieferten Apollon-Hymnus ist, in dem von einem blinden Mann »im staubigen Chios« die Rede ist, dessen Liedern »der Hochruhm künftiger Zeiten« gebührt. Mit der Insel Chios bringt auch der im siebten Jahrhundert vor Christus lebende Semonides von Amorgos den Dichter in Verbindung. In einem erhaltenen Fragment zitiert er wörtlich den Vers 146 aus dem sechsten Gesang der *Ilias*, dessen Verfasser er den »Mann aus Chios« nennt: »[...] eines aber – das Schönste! – hat der Mann aus Chios gesagt: / So wie der Blätter Geschlecht, so ist auch jenes der Menschen.«

Die als Porträts überlieferten und in verschiedenen Bildnistypen erhaltenen Darstellungen Homers zeigen den Dichter entsprechend der allgemeinen Auffassung der Zeit als Blinden; anders die Darstellung auf Münzen. Dass die rundplastischen Darstellungen nicht die wirkliche Physiognomie des Genannten wiedergeben, versteht sich von selbst. Schließlich stammen sie erst aus viel späterer Zeit. Es sind Idealvorstellungen der Antike, wie sie ihren Dichterheros sah, wie er ihrer Meinung nach ausgesehen haben könnte. Dass aber der Dichter der *Ilias* tatsächlich blind gewesen war, wie bis heute immer wieder erwogen wird, dürfte ins Reich der Fabel gehören. Zu genau beobachtet und subtil geschildert sind die Geschehnisse, zu eindrücklich die permanent spürbare Lebensnähe seiner Beschreibungen.

Homer
Römische Marmorkopie nach einem griechischen Original aus der Zeit um 460–450 v. Chr.
(München, Glyptothek)

Auch über die biographischen Daten des Dichters war nichts Genaues mehr bekannt. Die schriftlichen Aussagen zu seiner Person blieben dementsprechend Vermutung. Alles läuft also auf einen Indizienbeweis hinaus. Der aber ist von der Wissenschaft letztlich überzeugend geführt worden. Thukydides weiß über Homer nur zu berichten, dass der Dichter sehr lange Zeit nach dem Troianischen Krieg lebte. Herodot schreibt in seinen Historien, dass Homer und Hesiod seiner Meinung nach höchstens vierhundert Jahre vor ihm gelebt hätten. Und Josephus, der vor allem durch seine Geschichte über den »Jüdischen Krieg« bekannt ist, erklärt auch nur vage, dass Homer eindeutig nach dem Troianischen Krieg lebte.

Kurz gesagt: Es gibt kein einziges zeitgenössisches Dokument, das über die Person oder das Leben Homers informiert. Bislang müssen wir uns damit zufrieden geben, dass die frühesten Quellen, die den Dichter erwähnen, jünger sind als er. Sie stammen aus dem siebten und sechsten Jahrhundert vor Christus und sind in den Schriften von Philosophen und Dichtern jener Zeit zu finden. Der einzige Anhaltspunkt für die Lebensdaten, die dabei gewonnen werden können, ist die Tatsache, dass Homer hier jedes Mal als Mensch vergangener Zeiten genannt wird, der eben früher gelebt hatte als die, die seinen Namen erwähnen.

Ein wichtiger Ansatzpunkt zur zeitlichen Einordnung Homers ist die Tatsache, dass die Forschung heute weiß, Homer wurde früher geboren als der nachweislich um 700 v. Chr. lebende Hesiod von Askra in Boiotien. Hesiod war der älteste und bedeutendste Epiker nach dem Dichter der *Ilias*. Sein Vater stammte aus dem äolischen, an der kleinasiatischen Westküste liegenden Kyme. Untersuchungen zum Wortschatz der Dichtungen Hesiods haben ergeben, dass er die beiden Epen *Ilias* und *Odyssee* gekannt haben muss.

Natürlich wollten die gebildeten und von der Literatur begeisterten Griechen und Römer erfahren, wer der Dichter der *Ilias* war, woher er kam, wo er wirkte und wo er starb. Und auch die Schüler, die lesen und schreiben lernten, sollten Homer nicht nur in seinen Werken kennen lernen, sondern er sollte ihnen auch als Person nahe gebracht werden. Somit entstand schon früh der Wunsch nach Biographien, die solchen Wissensdurst stillen konnten. Nachdem die Antike für ihren Nationaldichter aber über keinerlei konkretes Wissen mehr verfügte, standen die Tore offen für phantastische Ausschmückungen, Anekdoten und Erfindungen in den Lebensbeschreibungen.

Sieben solcher Homer-Viten sind in griechischer Sprache erhalten sowie ein Traktat *Über Homer und Hesiod, ihre Abkunft und ihren Wettstreit miteinander.* Diese Schriftzeugnisse stammen in ihrer überlieferten Form aber erst aus der Zeit des ausgehenden Hellenismus und aus der römischen Kaiserzeit, sind also zeitlich rund siebenhundert Jahre von Homer entfernt. Die Wissenschaft hat jedoch herausarbeiten können, dass diese Biographien auf älterem Material aufbauen, das ins vierte oder dritte vorchristliche Jahrhundert zurückreicht. Einzelne Elemente scheinen sogar bis ins siebte Jahrhundert vor Christus zurückzugehen, zum Beispiel der Streit um die Frage nach dem Geburtsort Homers. Die Legende jedenfalls, nach der er im äolischen Smyrna, rund acht Kilometer vom heutigen Zentrum Izmirs entfernt, geboren wurde, scheint in diese Zeit zu gehören, denn um 600 v. Chr. wurde diese damals blühende Stadt von dem Lyderkönig Alyattes zerstört und versank in der Bedeutungslosigkeit. Auch der Anspruch der kleinen, südlich von Paros und Naxos gelegenen Kykladeninsel Ios, dass hier Homer gestorben und begraben worden sei, ist zumindest schon für das fünfte vorchristliche Jahrhundert belegt.

»Sieben Städte stritten darum, Homers Heimat zu sein. Das wissen selbst die Ignoranten der allgemeinen Bildung als

Blüte ihrer Gelehrsamkeit vorzubringen«, schrieb Ulrich von Wilamowitz-Moellendorff, Altphilologe und Schwiegersohn Theodor Mommsens. Am ehesten schien das alte Smyrna den Wettstreit für sich entschieden zu haben, weshalb von Wilamowitz-Moellendorff zu dem Ergebnis kam: »So ist denn an der Existenz des Dichters Homaros oder Homeros von Smyrna nicht zu zweifeln.« Gleichwohl erinnerte er daran, es seien »nur diejenigen entschiedene Antworten zu geben imstande, die nicht ermessen, auf wie ungenügenden Prämissen hier jeder Schluß beruht«.

So weit die Forschung hier Licht ins Dunkel bringen konnte, muss der Geburtsort und die Heimat Homers an der heutigen Westküste der Türkei, im antiken kleinasiatischen Ionien gelegen haben. Ein weiterer Hinweis dafür, dass wir Homers Herkunft geographisch in dem genannten Gebiet suchen müssen, ist sein überlieferter Name. »Homeros« ist ionisch, eine Dialektvariante zum äolischen »Homaros«. Damit können für den Dichter griechische Eltern angenommen werden, die ihren Sohn Homeros, Homer nannten, was so viel bedeutet wie »Bürge« oder »Unterpfand« – schon Aristoteles hatte den Namen so erklärt. Somit lässt sich auch von dieser Seite her der Lebensraum Homers einigermaßen eingrenzen: auf jenes kleinasiatische Gebiet, wo die Sprachgrenzen zwischen dem ionischen und dem äolischen Dialekt ineinander übergingen.

Informationen zu Homer und seiner gesellschaftlichen Stellung in seinen Epen

Die Suche, etwas über Homer, sein Leben, seine soziale Stellung und seine Zeit zu erfahren, ist aber nicht vergeblich, wie die moderne Homer-Philologie gezeigt hat. Ihr ist es gelungen, in den Epen selbst Spuren davon zu finden, und sie bietet auf Grund gründlicher Durchforstung von *Ilias* und *Odyssee* eine Reihe interessanter Ergebnisse, die von den antiken Legendendichtern offenbar nicht gesehen wurden. In jeder Dichtung finden sich Ansichten zu bestimmten Themen, spiegelt sich Lebenserfahrung, Weltsicht oder das eigene Selbstverständnis des Urhebers wider, das er bewusst oder unbewusst in sein Werk hat mit einfließen lassen. So kann auch getrost davon ausgegangen werden, dass dies für den Schöpfer der *Ilias* gilt. Diese Spurensuche hat vor allem der Basler Homerkenner Joachim Latacz in seinem Buch über Homer und in zahlreichen anderen Publikationen glänzend zusammengefasst und damit der Forschung neue Impulse gegeben.

Homer war Dichter oder, auf seine Zeit bezogen, Sänger. In den beiden homerischen Epen nun werden solche Sänger – griechisch Aoidoi – vorgestellt. In der Art und Weise, wie Homer diese fiktiven Sänger in ihrer durchaus nicht gleichwertigen sozialen Stellung und in ihrer Tätigkeit charakterisiert, lassen sich weitgehende Rückschlüsse auf das eigene Selbstverständnis des Dichters ziehen.

Beachtenswert ist, dass allein vier solcher Aoidoi an Königshöfen leben, dort gleichsam fest angestellt sind und in hohem Ansehen stehen. Ihre Tätigkeit ist anspruchsvoll und wird hoch geachtet. Eine besondere Vertrauensstellung hat ein Sänger am Hofe Agamemnons in Mykene. Der König hatte ihm, dessen Name nicht genannt wird, für die Zeit seiner Abwesenheit vor den Mauern Troias seine Frau Klytaimnestra anvertraut. »Bei ihr weilte ein Sänger, dem sehr gebot Agamemnon, / Als er nach Troja ging, die Gattin wohl zu behüten« (*Odyssee* 3,266–267). Auch am Hofe von Agamemnons Bruder Menelaos, dem König von Sparta, gehört ein »göttlicher Sänger« zum Gefolge des Herrschers bei einem Festschmaus, der zur »tönenden Leier« sang. Und schließlich gibt es auch im Megaron des Odysseus auf Ithaka einen Sänger, der die Freier Penelopes mit Geschichten vom Troianischen Krieg unterhält und ebenfalls gleichsam zum Inventar gehört.

Die von Homer und seinen Kollegen beherrschte Kunst des Heldensangs war keine weit verbreitete Fähigkeit, die beliebig oft anzutreffen war. Sie galt als Gabe der Götter, weshalb dem Sänger das Attribut »göttlich« zustand. Auf diese hohe Form der Wertschätzung wird in den Epen noch mehrfach hingewiesen. So zum Beispiel in der Szene, als Odysseus mit den Freiern in seinem Haus grausam abrechnet. In dieser ausweglosen Situation fleht der Sänger Phemios (»Sagner«) den Heimgekehrten um sein Leben an, beruft er sich unter anderem auf sein Können, das den König von Ithaka milde stimmen soll: »Später wird dir die Reue kommen, wenn du den Sänger / Tötest, der für die Götter und für die Menschen ich singe. / Selbstunterrichtet bin ich; der Gott aber pflanzte mir Lieder / Allerlei Art in den Sinn; mir scheint, ich könne vor dir hier / Singen wie vor einem Gott; drum schlage mir nicht das Haupt ab.« (22,345–349) Die Fürsprache seines Sohnes Telemachos rettet denn auch tatsächlich das Leben des »gepriesenen Sängers«.

Einen guten Eindruck von der Kunstfertigkeit und der Improvisationsfähigkeit, die das Publikum am Hofe von seinen Sängern erwartete, findet sich ebenfalls in einem Abschnitt der *Odyssee*. Als am Hofe des Phaiakenherrschers Alkinoos der als Heros bezeichnete Demodokos die Abendgesellschaft mit Heldengesängen über die List des Odysseus mit dem hölzernen Pferd und über das Ende von Ilios unterhält, rührt er den nach Scheria Verschlagenen zu Tränen. Wie hoch die Wertschätzung eines solchen Sängers sein konnte, die getrost auch für die eigene Gegenwart Homers angenommen werden darf, sagt Odysseus selbst: »Denn den Sängern werden bei allen Menschen der Erde /Achtung und Ehrfurcht zuteil; denn es hat die Muse sie selber / Sangesweisen gelehrt, weil das Volk der Sänger ihr lieb ist.« (8,479–481) Und für Demodokos findet der Held Worte, die auch Homer von seinem Publikum gehört haben mag: »Ja, es ist wahrlich schön, einem solchen Sänger zu lauschen, / So wie dieser ist, an Stimme den Göttern vergleichbar« (9,3–4).

Diese Sänger oder Aoiden, die ihre Lieder auf der »tönenden Leier« begleiteten, haben nun wahrhaftig nichts mit fahrendem Volk oder mit den blinden Bettelsängern der Homer-Legenden zu tun, die sich mit selbst gedichteten Versen bei Angehörigen der unteren sozialen Schichten beliebt machen wollten oder die sich als Schulmeister beim Kleinbürgertum verdingten. Kontakt zur Oberschicht hat der Homer der überlieferten Viten so gut wie überhaupt nicht. Der historische Homer jedoch darf sicherlich nicht bei den Schustern, Bauern, Matrosen oder geschwätzigen Alten auf dem Markt oder am Hafen gesucht werden. Sein Platz war sicher am Herdfeuer im Megaron der Adligen, wo er seine Werke vortrug, von seinen Zuhörern hoch geachtet.

Der Gedanke, dass Homer selbst der Adelsschicht angehörte, der herrschenden Klasse also, hat einiges für sich. Laut Latacz steht der Autor »auf einem gedanklich, sprachlich, ästhetisch, wertethisch, emotional und geschmacklich so hohen Niveau und reflektiert so dominant und zugleich affirmativ die Weltsicht einer Oberschicht«, dass er dem Adel wohl entweder selbst angehörte oder ständig in seinem Umkreis lebte. Wer also Handlungsweisen seiner Helden derart souverän gedanklich nachvollzieht, ihren Ehrenkodex beherrscht und in Verse fassen kann, der muss in dieser Welt zu Hause gewesen sein, musste so denken und fühlen können wie die Protagonisten seiner Werke und also auch wie sein Publikum. Für einen Adligen war es offensichtlich nichts Ungewöhnliches, sich als Sänger zu betätigen. So vertreibt sich beispielsweise Achilleus die Zeit mit Heldenliedern, die er selbst singt und sich dabei auf der Leier begleitet: »Als zu der Myrmidonen Zelten und Schiffen sie kamen, / Fanden sie ihn, wie er grade sein Herz an der kunstvollen, schönen, / Klingenden Leier erfreute, auf der ein silberner Steg war; / Er erbeutete sie, als Eétions Stadt er zerstörte. / Damit erfreut' er sein Herz, sang Ruhmestaten der Männer.« (IX,185–189)

Die Reste einer Leier sind in einem mykenischen Kammergrab im griechischen Menidi gefunden worden. Und aus dieser Epoche ist auch die Darstellung eines Leierspielers erhalten. Zudem ist eine Reihe berühmter Dichter des archaischen Griechenland selbst von adeliger Herkunft; zu nennen wären Archilochos, Alkaios, Pindar oder Aischylos. Es war also keineswegs unter der Standeswürde, Leier und Dichtung zu beherrschen – vielmehr gehörten diese Fähigkeiten zum Selbstverständnis und zu den Tugenden des Adelsstandes.

Exkurs: Die »Homerische Frage«

Für die Homer-Forschung gibt es heute keinen vernünftigen Zweifel mehr daran, dass der Dichter der *Ilias* ein Mensch aus Fleisch und Blut war, dessen Schaffenszeit wohl am ehesten in die zweite Hälfte des achten Jahrhunderts vor Christus zu datieren ist. Versuche, Homers Wirken in eine spätere Zeit zu verlegen, sind bis heute ohne durchschlagenden Erfolg geblieben. Die Anerkennung Homers als historische Person und Verfasser der *Ilias* war aber keineswegs von jeher die communis opinio der Wissenschaft gewesen.

Der scheinbare Mangel an unwiderlegbaren Beweisen für die Existenz des Dichters Homer gab einigen Gelehrten Anlass zu Zweifeln. So wollte manch einer Homer überhaupt aus dem Kreis historischer Personen ausschließen. Vor allem im achtzehnten Jahrhundert, als die Philologie sehr stark auf der Basis absoluter Beweisbarkeit von Überlieferungen argumentierte, systematisch den Text erschließen und analysieren wollte, gab es eine Reihe von Wissenschaftlern, welche die Meinung verfochten, es habe niemals einen Dichter mit dem Namen Homer gegeben.

Zu den einflussreichsten Exponenten einer kritischen Einstellung gegenüber dem Dichter und seinem Werk zählt der Hallenser Altphilologe Friedrich August Wolf (1759–1824). In seinen 1795 erschienenen *Prolegomena ad Homerum*, dem Vorwort zu seiner *Ilias*-Ausgabe, setzte er sich mit der Frage auseinander, ob hinter den beiden homerischen Epen tatsächlich ein einziger Dichter zu suchen sei oder ob nicht eher mehrere Autoren im Laufe der Zeit *Ilias* und *Odyssee* zu dem gemacht haben, was wir heute in Händen halten. Ansatzpunkte von Wolfs Kritik waren nachweisbare logische Widersprüche im Erzählverlauf der beiden Epen. So tötet beispielsweise Menelaos im fünften Buch der *Ilias* den König der Paphlagonen, Pylaimenes: »Und sie erlegten Pylaímenes dann, gleichwiegend dem Ares, / Führer der Paphlagónen, der mutigen Träger der Schilde« (V,576–577). Später aber finden wir den König an der Seite seines gefallenen Sohnes Harpalion: »Seiner nahmen sich an die mutigen Paphlagonen, / Brachten ihn, auf den Wagen ihn legend, zum heiligen Troja / Voller Trauer. Es folgt der Vater, Tränen vergießend, / Doch keine Sühne ward für den Sohn ihm, für den gestorbnen« (XIII,656–659). Ähnliche Ungereimtheiten sind mehrfach in den beiden Epen zu finden.

Bereits in der Antike waren diese Ungereimtheiten sehr wohl bekannt. Horaz bemängelt dies zwar in seiner *Dichtkunst*, findet aber auch eine Entschuldigung für den großen Vorgänger. »Ich ärgere mich, so oft der untadelige Homer einschläft; aber bei einem so langen Werk ist es recht und billig, wenn einen der Schlaf übermannt.« (Horaz, *de arte poetica* 359–360) Heute wissen wir, dass solche Fehler sehr leicht dann entstehen können, wenn die Grundlage der Dichtung auf mündlicher Überlieferung beruht. Die »Homerische Frage« markiert eine Stufe der historischen Entwicklung der Homer- und Literaturkenntnis des siebzehnten und achtzehnten Jahrhunderts. Nach damals herrschender Auffassung begriff man ein literarisches Werk stets als eine Schöpfung, die vom ersten Buchstaben bis zum letzten Punkt aus der Feder eines einzigen Dichters stammte – so etwa die *Aeneis* des Vergil. Aber auch der römische Dichter orientierte sich beim Aufbau seines Epos formal und inhaltlich an seinen beiden großen Vorbildern.

Eigentlich hätte bereits im letzten Jahrhundert die Frage nach den genuin von Homer stammenden Elementen in den Epen so nicht mehr gestellt werden dürfen. Aber einmal auf den Weg gebracht und noch in Unkenntnis der späteren archäologischen Entdeckungen, trieb die »Homerische Frage« reiche und teilweise absonderliche Blüten. So gab es in der Folge von Wolfs Ausführungen die Meinungen, *Ilias* und *Odyssee* seien von einem guten und von einem schlechteren, zeitlich später anzusetzenden Dichter geschaffen worden. Eine Urfassung sei im Laufe der Jahre um mehrere kleinere Erzählungen bereichert worden, oder mehrere Einzelerzählungen seien irgendwann von einem Dichter zu einem großen Ganzen komponiert worden. Demnach hätten am Anfang also kleinere Erzählungen gestanden, und die Ur-*Ilias* in der Mitte dieser Genesis sei dann einem Dichter namens Homer zuzuerkennen; in nachhomerischer Zeit schließlich wäre noch einiges hinzugedichtet worden. Diejenigen Forscher, die aus dem Gesamten einzelne Dichter herausdestillieren wollten, wurden als »Analytiker« bezeichnet. Die Gegenseite, die ihren Homer als den einzigen Urheber der Epen nicht verlieren wollte, nannte man »Unitarier«.

Joachim Latacz hat in seiner Einführung in das Werk Homers ein treffendes Fazit gezogen. »Die ›Homerische Frage‹ in ihrer ursprünglichen Form existiert heute nicht mehr. Sie war nur möglich gewesen unter der Voraussetzung des Vergleichs zwischen Homer und Vergil als dichtungstechnisch auf der gleichen Stufe stehenden Epikern, d. h., die homerische Frage war letztlich von der Dichtungstechnik Vergils aus gestellt. Von der – inzwischen hinlänglich bekannten – Dichtungstechnik Homers her ist die homerische Frage heute anders zu formulieren: Was hat Homer, als er das Großepos schuf, mit und aus der mündlichen Epik seiner Vorgänger und zeitgenössischen Sängerkollegen [...] gemacht?« (*Homer. Der erste Dichter des Abendlandes*, S. 20) Trotz dieses Verweises der »Homerischen Frage« in die Geschichte der Ab- und Irrwege der Homerphilologie verdankt die moderne Homer-Forschung den Denkansätzen Wolfs und anderer, die an den Epen erprobt wurden, eine ganze Reihe wertvoller Ergebnisse für deren Verständnis.

Ist Homer auch der Dichter der »Odyssee«?

Darf die Streitfrage um die Urheberschaft der *Ilias* heute als entschieden gelten, so ist die Debatte darüber, ob Homer auch der Verfasser der *Odyssee* war, noch nicht ganz entschieden. Es gibt einige gewichtige Stimmen, die das Epos von der Heimkehr des erfindungsreichen Odysseus einem anderen Dichter zuschreiben. Zweifelsohne bereitet es einige Schwierigkeiten, in dem Dichter, der die heroische Adelswelt, wie sie die *Ilias* überliefert, auch den Schöpfer der *Odyssee* zu erkennen; denjenigen also, der uns in eine Märchenwelt der Ungeheuer wie etwa Polyphem oder Skylla und Charybdis entführt, uns von phantastischen Königreichen wie dem der Phäaken erzählt und eindringlich soziale Gruppenunterschiede schildert, wie sie beispielsweise in der Gegenüberstellung von dem Schweinehirten Eumaios und den adeligen Freiern um Penelope deutlich werden. Vor Troia finden wir Helden und Könige, in der Heimkehrergeschichte des Odysseus hören wir von Überlebenskunst, List, phönizischen Kaufleuten und Abenteuern in Ägypten.

Dennoch könnte Homer auch der Dichter der *Odyssee* sein, die eindeutig jünger als die *Ilias* ist. Die stilistischen Unterschiede müssen nicht unbedingt eine andere »Handschrift« beweisen. Beinahe jeder Schriftsteller ändert während seiner Schaffensperioden seinen Stil. Homer hätte also im hohen Alter durchaus noch erleben können, wie sich durch die Kolonisation seiner Landsleute und die Handelskontakte mit fremden Völkern sein früheres Welt- und Menschenbild erheblich wandelte. Und er hätte dann – an Erfahrung reicher – diese neue Weltsicht in der *Odyssee* formulieren können. Nun hatte der »Listenreiche« bessere Chancen.

Gegen diese Sicht der Dinge hat sich aber Uvo Hölscher, einer der besten Homerkenner, gewandt. In seinem Buch *Die Odyssee. Epos zwischen Märchen und Roman* vertritt er die Überzeugung, dass die Unterschiede zwischen beiden Epen Homer als Dichter von beiden Werken »mit ziemlicher Sicherheit« ausschließen. Hölscher erkennt ebenso wenig einen entscheidenden Zeitabstand zwischen den Werken. »Auch die Erklärung des Altertums, Homer habe die *Ilias* in seiner Jugend, die *Odyssee* im Alter geschrieben, taugt nicht bei näherem Hinsehen. Die *Ilias* verrät Stufen ihres Werdens, sie scheint allmählich, man möchte meinen in einem lebenslangen Prozeß, in den Reichtum erst gewachsen zu sein, in dem sie überliefert ist; und gerade die reichsten und reifsten Teile verraten einen Stil und Denkweise, die man eher als Altersstil verstehen möchte. Von solcher Sublimierung, solcher ironisch gebrochenen Weisheit in der Darstellung der Götter führt zwar ein geistesgeschichtlicher, aber kein biographischer Weg zu der ethischeren und rationaleren Religiosität der *Odyssee.*« (S. 22)

John Chadwick wiederum, der maßgeblich an der Entzifferung der Linear-B-Schrift beteiligt war, hat eine andere Möglichkeit formuliert: »[...] die stilistischen Unterschiede zwischen *Ilias* und *Odyssee* scheinen sich nicht allein aus einem Reifungsprozeß zu erklären. Eine völlig andere Geisteshaltung kennzeichnet das blutige Kriegsgeschehen der *Ilias* im Vergleich zu den wohlgemuten Abenteuern der *Odyssee.* Die Ursache dafür muß wohl nicht darin gesehen werden, daß ein kleines Land nahezu gleichzeitig zwei solche Geister hervorgebracht hätte, sondern daß Homer aus zwei verschiedenen Überlieferungen geschöpft hat, die für die Unterschiede unter der oberflächlichen Einheitlichkeit verantwortlich sind.« (*Die mykenische Welt*, S. 246)

Die zur Entstehungszeit der *Odyssee* fast übermächtigen Einflüsse aus dem Orient fanden nicht zuletzt in der Kunst ihren reichen Niederschlag. Deren Stil wird denn auch an der Wende zum siebten Jahrhundert vor Christus als »orientalisierend« bezeichnet. Der Unterschied zur vorangehenden Stilepoche, der so genannten »geometrischen«, war groß. Die Ornamentik mit Mäandern, Dreiecken, Rauten und Zickzacklinien, die Menschen- und Tierdarstellungen, alles war einer strengen Ordnung unterworfen gewesen. Mit einem Mal tauchten nun florale Elemente auf den Vasen auf, die sich opulent und formal frei entfalteten, versahen die Maler die Gefäße mit lebensprallen Darstellungen aus dem Mythos und der eigenen Gegenwart. Greifen und geflügelte Dämonen zierten die großen Bronzekessel und Dreifüße. Mit der großen Kolonisationswelle fanden Fremdes und Neuartiges Eingang in die Kultur des griechischen Volkes.

Die Rezeption Homers in der Antike

Homer, dessen Schicksal wohl kaum das eines verkannten Künstlers war, wird den Erfolg seiner Dichtung gegen Ende des achten Jahrhunderts vor Christus wahrscheinlich noch erlebt haben. *Ilias* und *Odyssee* wurden sehr schnell zu dem, was sie während der gesamten Antike waren: die frühesten und die bedeutendsten Dichtungen griechischer Sprache, ein Meilenstein für die Etablierung des olympischen Götterinventars, das Geschichtsbuch über die mythische Frühzeit der Hellenen. Selbstverständlich waren Homers Werke während der antiken Jahrhunderte oftmals Gegenstand wissenschaftlicher und dilettantischer Beschäftigung. Die Philosophen, Literaturwissenschaftler, Exegeten und Grammatiker schrieben ebenso über ihn und seine Werke wie die Tragödiendichter oftmals aus dem Themenkreis von *Ilias* und *Odyssee* Vorlagen für ihre Dramen wählten.

Wie schnell die *Ilias*, die vom Zorn des Achilleus handelt, ihren Weg vom kleinasiatischen und griechisch-festländischen Teil der hellenischen Welt in die westlichen Gebiete gefunden haben muss, beweist eine kleine und unscheinbare Tonscherbe, die 1953 bei Ausgrabungen in der griechischen Kolonie Pithekussai auf der Insel Ischia ans Tageslicht kam. Das Keramikfragment stammt von einer Kotyle, einem zweihenkeligen Trinkgefäß. Es trägt eine der frühesten bekannten griechischen Inschriften. Drei Zeilen lang ist das Dokument, abgefasst in den Versmaßen eines Iambus und zweier Hexameter, geschrieben linksläufig im Alphabet von Chalkis auf Euboia. Wer sie ungefähr zwischen 730 und 720 v. Chr. – so lautet die bisherige Datierung – auf dem Fragment mit sicherer Hand eingeritzt hat, ist unbekannt. Der Töpfer oder der Besitzer des Gefäßes müssen es nicht unbedingt gewesen sein. Da das Stück aus dem Teil der Nekropole stammt, die den Frauen und Kindern vorbehalten war, könnte es – wie Roland Hampe schrieb – einstmals einer Hetäre gehört haben. Diese nämlich mussten ihre Trinkgefäße zu den Gelagen selbst mitbringen. Die wahrscheinlichste Übersetzung der Zeilen lautet nach Latacz: »Nestor hatte einen gewissen Becher, gut daraus zu trinken. / Wer aber aus diesem Becher hier trinkt, augenblicks wird diesen / die Lust ergreifen nach der schönbekränzten Aphrodite.«

Die Verse sind eine eindeutige Anspielung auf eine Szene, die im elften Buch der *Ilias* erzählt wird. Da erholen sich Nestor und sein Kampfgefährte Machaon im Zelt des Königs von Pylos vor den Mauern Troias von der Schlacht. Die Sklavin Hekamede bereitet ihnen dazu einen Trank. »Diese stellte vor sie zuerst den Tisch hin, den schönen, / Dunkelfüßig und gut geglättet, aber auf diesen / Einen erzenen Korb mit Zwiebeln als Kost zu dem Tranke / Und auch gelben Honig und Mehl von heiliger Gerste / Und den Humpen, den überaus schönen, welchen der Alte / Mitgebracht von zu Hause, mit goldenen Buckeln beschlagen, / Und vier Henkel waren daran, zwei goldene Tauben / Pickten auf jeder Seite, zwei Stützen waren darunter. / Nur mit Mühe hob ein anderer ihn von der Tafel, / War er gefüllt, doch mühelos hob ihn Nestor, der Alte.« (XI,628–637) Wer auch immer die Zeilen auf dem Tonfragment aus Ischia verfasst hat, er konnte bei seinem Wortwitz voraussetzen, dass für den Leser seiner Zeilen der »Nestor-Becher« ein Begriff war. Es erscheint unwahrscheinlich, dass damals die gleiche Episode ebenfalls im Versmaß des Hexameters noch in einem anderen Zusammenhang außerhalb der *Ilias* einen solchen Bekanntheitsgrad hatte. Der Rückbezug auf das Epos Homers ist daher naheliegend. Gleichzeitig wird damit nochmals die Entstehungszeit der *Ilias* in diesen Jahrzehnten erhärtet.

Einen Goldbecher, der in etwa der Beschreibung Homers entspricht, fand Schliemann in einem der Schachtgräber von Mykene. Und er erkannte sofort die Möglichkeit eines Vergleichs mit dem Becher aus der *Ilias*: »Die Beschreibung des Nestor'schen Bechers stimmt ganz mit dem vor uns stehenden Becher überein, ausgenommen dass ersterer viel größer ist und vier Henkel, jeden mit zwei Tauben hat, während unser Bild nur zwei Henkel, jeden mit e i n e r Taube zeigt. Der Nestor'sche Becher hat zwei Böden, und ebenso viele hat auch unser Becher, denn unmöglich kann man unter doppeltem Boden irgend etwas anderes verstehen als den Boden des Bechers und den Boden seines Fusses.«

Die homerischen Epen waren jedenfalls bereits kurz nach ihrer Abfassung zum Gegenstand einer reflektierenden Rezeption geworden. Der Siegeszug der Fibel oder besser: der Bibel der Hellenen war nicht aufzuhalten. Über die herausragende Bedeutung von *Ilias* und *Odyssee* waren sich schon die alten Griechen einig. Diese Einigkeit war sicher auch ein Qualitätsurteil. In den folgenden Jahrhunderten änderte sich diese Einstellung keineswegs. Für Staatsmänner, Dichter und Philosophen waren Homer und seine Schöpfungen Gegenstand intensiver Überlegungen zu seiner Person, seinem Götterhimmel, seiner Weltsicht und nicht zuletzt seiner Dichtkunst. Man schöpfte Wissen aus seinen Werken und erfuhr Anregungen für eigene Arbeiten. Immer wieder wird die Vorbildfunktion deutlich, immer wieder wird aus *Ilias* und *Odyssee* zitiert, sei es, um die eigene Bildung zu unterstreichen, sei es, um die Ausführungen des Dichters als Argument für eigene Gedanken oder Schlussfolgerungen anzuführen.

In Xenophons Schrift *Das Gastmahl* unterstreicht der beim gemeinsamen Mahl anwesende Nikeratos seine eigene Bedeutung als Ratgeber in wichtigen Fragen des Lebens, indem er auf seine Homer-Kenntnis verweist: »Vielleicht wollt ihr auch von mir hören, inwiefern ihr durch meinen Umgang gewinnt. Ihr wisst ja, dass Homer, dieser überaus kundige Mann, so ziemlich über alle menschlichen Belange etwas geschrieben hat. Wer von euch daher ein guter Hausherr, Redner oder Feldherr, wer so wie Achilleus, Aias, Nestor oder Odysseus werden will, der sollte sich mit mir gut stellen, denn über all diese Dinge weiß ich Bescheid.« (Xenophon, *Symposion* 4,6)

Neben den Privatleuten, die ihren Homer kannten und beim geselligen Beisammensein oder in öffentlichen Diskussionen mit ihrer Kenntnis glänzten, gab es auch wirkliche Homer-Spezialisten, die ihr Wissen berufsmäßig weitergaben und anpriesen. Zu den Aufgaben solcher Rhapsoden gehörte das Rezitieren der homerischen Werke ebenso wie die Kommentierung derselben. Vergleichbar unseren Sängern und Rezitatoren, gaben sie die Epen vor Publikum zum Besten. Das konnte bei großen offiziellen Festen geschehen oder im kleinen Kreis einer privaten Gesellschaft – zu denken ist hier vor allem an die Symposien des Adels, die Gastmahle der politischen und intellektuellen Führungsschicht – oder im Rahmen von Unterrichtsstunden für die Jugend. Diese in gildenartigen Verbänden zusammengeschlossenen Verwalter des dichterischen Erbes werden schon sehr früh ins Rampenlicht der Öffentlichkeit getreten sein.

Der grundlegende Unterschied zwischen diesen Rhapsoden und den Aoidoi, den Dichtern, bestand darin, dass erstere lediglich aus dem Repertoire schöpften und vortrugen, was Homer gedichtet hatte und was schriftlich zur Verfügung stand. Es ist mehr als wahrscheinlich, dass sich beim mündlichen Vortrag Fehler in der Formulierung einschleichen konnten oder dass der eine oder andere Rhapsode der Meinung war, einzelne Verse oder Episoden besser formulieren zu können als Homer. Auch der Wunsch, politisches Kapital aus den alt-ehrwürdigen Versen zu schlagen, indem man neue Zeilen einfügte oder überlieferte im eigenen Sinne modifizierte, mag den Ausschlag gegeben haben für so genannte Interpolationen. Das konnten zum Beispiel zu Ehren der jeweiligen Gast- oder Auftraggeber die Einfügungen von Vorfahren in das Geschehen vor Troia sein. Eine andere Gefahr der Verfälschung des Originals konnte die Niederschrift der Epen nach dem mündlichen Vortrag eines Rhapsoden sein.

Kein Wunder, wenn man sich deshalb schon früh eine verbindliche Form der Dichtungen sichern wollte. Eine autorisierte Redaktion der Texte war also nötig. Solch eine offizielle Normierung des Textes ist für die Zeit der Tyrannis in Athen unter Peisistratos oder eines seiner beiden Söhne Hippias und Hipparchos während der zweiten Hälfte des sechsten vorchristlichen Jahrhunderts überliefert. Die früheste Erwähnung dieses Unternehmens ist bei Cicero überliefert, der in seiner Abhandlung *Über den Redner* schreibt: »Von ihm [Peisistratos] sagt man, dass er als erster die zuvor verwirrten Bücher Homers so angeordnet habe, wie wir sie jetzt besitzen.« (Cicero, *de oratore* 3,137)

In der älteren Homer-Forschung glaubte man auf Grund dieser Textstelle davon ausgehen zu dürfen, dass erst durch diese »Peisistratische Redaktion« die vereinzelt überlieferten Episoden beider Epen zu einem einheitlichen Ganzen zusammengefügt worden seien. Die moderne Philologie hat aber gezeigt, dass dies nicht der Fall sein kann. Die damals durchgeführte Neuordnung der Epen diente der Erstellung einer verbindlichen Textausgabe, die Grundlage war für den Vortrag von *Ilias* und *Odyssee* beim großen Fest für die Stadtgöttin Athena, an den Panathenäen. Zu diesem Ereignis, das im Relieffries des perikleischen Parthenon auf der Akropolis seine schönste Bildfassung gefunden hat, wurden an mehreren Tagen die Epen von sich einander im Vortrag ablösenden Rhapsoden rezitiert. Damit waren die Texte zwar keineswegs vor weiteren Interpolationen bewahrt, begründet aber war eine attische Tradition.

In seinem Dialog *Ion* stellt Platon dem Sokrates den Rhapsoden und Homer-Kenner Ion als Gesprächspartner gegenüber. Dieser hat soeben beim Asklepiosfest in Epidauros mit seinem Können den ersten Preis errungen. Sokrates wünscht ihm Erfolg für seinen Auftritt bei dem eben erwähnten Panathenäenfest, wo Ion ebenfalls den Sieg davontragen möchte. Gleich am Anfang des Dialogs formuliert Sokrates, was einen guten Homer-Rhapsoden neben der reinen Beherrschung des Textes auszeichnet: »Denn es kann doch wohl keiner als tüchtiger Rhapsode gelten, der nicht versteht, was der Dichter meint. Der Rhapsode muß ja zum Vermittler für des Dichters Gedanken den Zuhörern werden.« (Platon, *Ion* 532b)

Ion pflichtet den Ausführungen des Sokrates bei. »Du hast recht, Sokrates. Mir wenigstens hat dies die meiste Mühe gemacht in meiner Kunst, und ich vermeine am schönsten von allen Menschen über Homer zu reden, so daß weder Metrodoros von Lampsakos noch Stesimbrotos von Thasos noch Glaukon noch irgend ein anderer, so viele je gelebt haben, so viele und schöne Gedanken über Homer vorzutragen wußten wie ich.« (530 c–d; Metrodoros war Philosoph und ein Meister der allegorischen Homer-Deutung; Stesimbrotos unterrichtete gegen Bezahlung über Homer; Glaukon war wohl ein Interpret.) Ion ist von seiner Kunstfertigkeit so eitel eingenommen, dass er der Überzeugung ist, er verdiene von den Homeriden mit einem Kranz ausgezeichnet zu werden.

Die von Ion genannten Homeriden bildeten die wohl ehrwürdigste Rhapsodengilde. Sie war auf Chios zu Hause und identifizierte sich bereits durch ihre Namensgebung unmittelbar mit Homer, auf den sie sich auch zurückführte. Ob die Gilde der Homeriden tatsächlich von Nachfahren des Dichters gegründet wurde, ist ungewiss, aber im Grunde nicht unmöglich – soll doch Homer auf der Insel gelebt und gewirkt haben.

Mit der Zeit entwickelte sich die wissenschaftlich orientierte Homer-Gelehrsamkeit immer weiter. Antimachos von Kolophon, ein griechischer Dichter und ausgewiesener Homerkenner aus den Jahren um 400 v. Chr., war wohl der erste Herausgeber einer Textausgabe mit Einleitung und Wörterverzeichnis zu den Epen Homers. Abschriften und – nach Meinung des jeweiligen Editors – kritische Ausgaben wird es viele gegeben haben. Auch Aristoteles fertigte für seinen Zögling Alexander eine von ihm genehmigte Ausgabe der *Ilias*, wie Plutarch in seiner Lebensbeschreibung des Makedonenkönigs mitteilt: »Die Ilias, die er als Lehrbuch militärischen Könnens betrachtete und so nannte, hatte er in einem von Aristoteles durchgesehenen Exemplar mitgenommen – man nennt es ›das aus dem Rohr‹ – und hatte es immer neben seinem Schwert unter dem Kopfkissen liegen, wie Onesikritos berichtet hat.« (Plutarch, *Alexander* 8)

Entscheidend für die Textfassung, wie wir sie heute besitzen, waren schließlich die Bemühungen der Gelehrten an der Bibliothek von Alexandria in Ägypten. In dieser von Alexander dem Großen als Mouseion gegründeten Forschungsstätte begannen im dritten Jahrhundert vor Christus bedeutende philologische Forschungen sowie Kommentar- und Vergleichsarbeiten zu den kursierenden Homer-Handschriften aus staatlichem und aus privatem Besitz. Soweit man der Manuskripte habhaft werden konnte, ordnete man sie, verglich sie untereinander und bemühte sich um eine textkritische Fixierung eines verbindlichen Textes. Einfach war diese Arbeit nicht, und ob sie letztlich vom erwünschten Erfolg gekrönt war, kann nur vermutet werden.

Zu den erwähnenswerten Gelehrten jener Jahrhunderte gehörte der Grammatiker Aristophanes von Byzanz (etwa 275–180 v. Chr.), der um das Jahr 195 v. Chr. Leiter der Bibliothek wurde. Zu seinen Hauptleistungen zählt die Wissenschaft seine vorbildlichen Editionen der griechischen Klassiker, die für seine Nachfolger zur Grundlage erfolgreicher eigener Arbeiten wurden. Neben anderem erstellte Aristophanes eben auch eine kritische Textausgabe Homers. Schüler und Nachfolger von Aristophanes war Aristarchos von Samothrake (etwa 217–144 v. Chr.). Dieser beschäftigte sich besonders intensiv mit dem griechischen Dichterheros und dessen Schriften, bemühte sich um die Lösung von Fragen zur Echtheit und versuchte, Homer immer aus sich selbst heraus zu erklären.

Schließlich ist noch Didymos von Alexandria zu nennen, der im ersten Jahrhundert vor Christus in Alexandria eine erstaunliche literarische Tätigkeit und vor allem Produktion entfaltete. Seneca d. J. berichtet, Didymos habe viertausend Bücher geschrieben; ein wenig verwunderlich, wenn für ihn der Spitzname »Bibliolathas« überliefert ist, der »Büchervergesser«, denn bei solcher Produktivität wird kaum jemand einen Überblick über das eigene Gesamtwerk haben. Unter anderem hat Didymos auch einen Kommentar zu Homer geschrieben.

Sicher tilgten die Gelehrten in Alexandria manchen Vers oder manche Teile aus den Überlieferungen, die offensichtlich oder zumindest ihrer Meinung nach nicht von Homer selbst stammten. Wenn sie zweifelten, ließen sie die fragliche Stelle im Text stehen, markierten sie aber. »Noch können wir erkennen, daß sie dabei einigermaßen behutsam vorgegangen sind«, schrieb der Homerkenner Albin Lesky dazu. Jedenfalls ist der Homertext, den wir heute besitzen, in den Räumen der Bibliothek von Alexandria redigiert und ediert worden. Griechische Philologen waren es auch, die im dritten vorchristlichen Jahrhundert die beiden Epen in jeweils 24 Gesänge unterteilt und sie mit den Buchstaben des Alphabets bezeichnet haben. Heute hat sich die Unterteilung mit

Zahlen anstatt der griechischen Buchstaben eingebürgert. Die Gesänge der *Ilias* werden danach mit römischen, die der *Odyssee* mit arabischen Zahlen bezeichnet. Die erste namentliche Erwähnung des homerischen Epos vom Zorn des Achilleus, also der *Ilias*, ist uns bei Herodot (2,116) erhalten. Er bezeichnet das Werk als die *Ilias*, wobei wir »die Dichtung« ergänzen müssten. Der Titel also würde lauten »Gedicht mit dem Thema Ilios«.

Andere Werke, die Homer zugeschrieben wurden

Die beiden Epen *Ilias* und *Odyssee* galten als Dichtungen Homers. An seiner Autorenschaft wurden in der Antike zunächst keine Zweifel laut. Später formierte sich dann eine Gruppe von Grammatikern, die als *chorizontes* bezeichnet wurden, als »Trenner«. Unter anderem versuchten diese Chorizonten Homer die Urheberschaft an der *Odyssee* abzusprechen. Vertreter dieser Gruppe waren unter anderen Xenon (3./2. Jh. v. Chr.), der auf Grund ausgesuchter Widersprüche in beiden Werken die Existenz zweier Verfasser zu beweisen suchte, und Hellanikos (um 200 v. Chr.), dessen Argumentation sich auf sprachliche und sachliche Widersprüche stützte.

Mit dem Namen Homer brachte die Antike auch andere Werke in Verbindung. Die Urheberschaft des griechischen Nationaldichters bei diesen wurde jedoch von zahlreichen antiken Gelehrten und Schriftstellern nicht ohne weiteres akzeptiert, beziehungsweise sie lehnten gar Homer als Autor kategorisch ab. Zu diesen Werken gehören die unter dem Titel *Homerische Hymnen* überlieferten Göttergedichte, der *Epische Kyklos*, das Kleinepos *Batrachomyomachia* über den Kampf der Frösche und Mäuse sowie die Posse *Margites*.

Heute gilt als einigermaßen sicher, dass keines dieser Werke von Homer gedichtet wurde. Der *Margites*, dessen Titel den Namen des Tölpels nennt, der die Hauptperson des Stücks ist, entstand wohl erst im sechsten Jahrhundert vor Christus. Ebenfalls nachhomerisch ist der *Froschmäusekrieg*, der in 303 erhaltenen Versen eine Parodie heroischer Szenen aus der *Ilias* darstellt. Entstanden ist dieses »Epos« wohl im sechsten oder fünften Jahrhundert vor Christus. Die Hymnen wiederum, die im strengen Sinn gar keine sind, bilden eine Sammlung von 33 längeren und kurzen Gedichten über Götter und an Götter und sind in Hexametern abgefasst. Immerhin scheinen die ältesten Teile dieser Sammlung wenigstens bis ins siebte vorchristliche Jahrhundert zurückzugehen.

Der *Epische Kyklos* bezeichnete schon in der Antike die Sammlung griechischer Epen, die von den mythischen Ereignissen aus der Zeit vor dem Troianischen Krieg handelten und von denen, die nach der Eroberung der Stadt des Priamos stattfanden. Diese Geschichten banden also inhaltlich und episch-chronologisch *Ilias* und *Odyssee* in einen Sagenkreis ein und ergänzten ihn. Die eindeutige Abhängigkeit ihrer zeitlichen Reihenfolge von *Ilias* und *Odyssee* weist auf eine spätere Entstehung dieser Hexameterverse hin, die »auch in kleinsten Einzelheiten motivierend und erläuternd auf *Ilias* und *Odyssee* Bezug nehmen«, wie Latacz schreibt. Schriftliche Fassungen der beiden homerischen Epen müssen den meist unbekannten Verfassern also vorgelegen haben. Latacz rechnet mit einer Ausarbeitung an verschiedenen Orten Griechenlands seit etwa 650 v. Chr.

Ungelöst bleibt die Frage, wer diese Epen dichtete und wer sie letztlich zu dem Kreis der Sagen um den Troianischen Krieg zusammenfügte, eben zu dem *Epischen Kyklos*. Auch zu der kanonischen Zusammensetzung dieser Sammlung aus Werken von der Entstehung der Welt bis zum Tod des Odysseus kann Genaues nicht mehr gesagt werden. Homer selbst wurde zwar schon früh als Autor des *Kyklos* genannt, aber bereits in der Antike wurden daran erhebliche Zweifel laut. So bei Herodot: »Hesiod ist es, der von den Hyperboreern spricht, ferner auch Homer in den Epigonen, wenn dies Epos wirklich von Homer gedichtet ist.« (Herodot 4, 32) Die von Herodot erwähnte *Epigonie* handelte wahrscheinlich von dem Rachefeldzug der Söhne der »Sieben« Helden, die gegen Theben gezogen waren.

Erstellt man für die *Kyklos*-Epen zusammen mit den homerischen Dichtungen eine chronologische Abfolge, so ergibt sich folgende Reihe: Da sind zuerst die *Kypria* zu nennen, die in elf Büchern die Vorgeschichte des Troianischen Kriegs sowie die Ereignisse vor den Mauern Ilions bis zum Einsetzen der Iliasgeschichten behandelten. Danach folgte die *Ilias*. An sie schloss sich die *Aithiopis* an, deren fünf Bücher das Geschehen bis zur Tötung des Achilleus durch Paris und Apollon erzählten. Die vier Bücher der so genannten *Kleinen Ilias* handelten vom Streit zwischen Odysseus und Aias um die Waffen des Achilleus und von den Begebenheiten bis zur Einholung des hölzernen Pferdes, aus dessen Bauch das vernichtende Unheil über Troia hereinbrach.

Die Endphase des Troianischen Krieges von der berühmten Laokoon-Szene vor den Mauern der Stadt über deren Zerstörung bis hin zur Abfahrt der Achaier in die Heimat behandelten die zwei Bücher der *Iliupersis*. Aus den fünf Büchern der *Nostoi* erfuhren die Zuhörer von den Schicksalen der heimkehrenden Helden bis zur Rückkehr des Agamemnon nach Mykene und des Menelaos nach Sparta. Die *Odyssee* selbst gehört in diese Reihe der Heimkehrergeschichten, handelt aber nur über die Rückkehr des erfindungsreichen Königs von Ithaka. Ihre Fortsetzung fand sie in den zwei Büchern der *Telegonia*, die den Fortgang der Geschichte bis zum Tod des Helden erzählten.

Der literarische Wert dieser *Kyklos*-Dichtungen reicht bei weitem nicht an die homerischen Epen heran. Sie lassen das Großartige der umfassenden und durchgehenden Komposition von *Ilias* und *Odyssee* vermissen, addieren mehr oder weniger die erzählten Ereignisse chronologisch. Diese grundlegenden Qualitätsunterschiede hat bereits Aristoteles in seiner Schrift über *Die Poetik* zum Anlass eigener Kritik genommen und damit Homers überragende Stellung gegenüber den anderen Dichtern unterstrichen.

»Daher kann Homer, wie wir schon sagten, auch aus folgendem Grunde im Vergleich zu den anderen Epikern als göttlich gelten: Er hat sich gehütet, den ganzen Krieg darzustellen, obwohl dieses Geschehen einen Anfang und ein Ende hatte. Die Handlung wäre dann nämlich allzu umfangreich und somit unübersichtlich geworden, oder sie wäre, wenn sie hinsichtlich der Ausdehnung das richtige Maß gewahrt hätte, wegen ihrer Mannigfaltigkeit überkompliziert ausgefallen. Er hat sich daher einen einzigen Teil vorgenommen und die anderen Ereignisse in zahlreichen Episoden behandelt, wie im Schiffskatalog und in den übrigen Episoden, durch die er seine Dichtung auseinanderzieht. Bei den anderen Epikern hingegen geht es um einen einzigen Helden oder um einen einzigen Zeitabschnitt oder auch um eine einzige Handlung, die indes aus vielen Teilen besteht, wie etwa beim Dichter der ›Kyprien‹ und dem der ›Kleinen Ilias‹. Daher kann man aus der ›Ilias‹ und der ›Odyssee‹ nur je eine Tragödie oder höchstens zwei machen, aus den ›Kyprien‹ hingegen viele, und aus der ›Kleinen Ilias‹ mehr als acht, z. B. ›Das Waffengericht‹, ›Philoktet‹, ›Neoptolemos‹, ›Eurypylos‹, ›Der Bettelgang‹, ›Die Spartanerinnen‹, ›Die Zerstörung Ilions, ›Die Abfahrt‹, ›Sinon‹, ›Die Troerinnen‹.« (Aristoteles, *Poetik* 1459a–b)

Der Homerkenner und Prinzenerzieher des späteren Ägypterkönigs Ptolemaios VII., Aristarchos von Samothrake, datierte die Entstehung der kyklischen Epen entschieden in die Zeit nach Homer. Auch er sah den großen qualitativen Abstand zu *Ilias* und *Odyssee*. Die Inhalte der *Kyklos*-Dichtungen jedoch dürften schon in vorhomerischer Zeit bekannt gewesen sein, weshalb Lesky meint, dass motivische Beziehungen der *Ilias* zu den später entstandenen Stücken nicht immer in einer direkten Abhängigkeit zu den beiden großen Epen stehen müssen. »Vielmehr kann der Dichter der *Ilias* manches Motiv aus jenen älteren Gestaltungen der Stoffe übernommen haben, die vor den kyklischen Epen ebenso anzusetzen sind wie vor den beiden Homer zugeschriebenen.«

»Oral Poetry« und die Anfänge der Schrift bei den Griechen

Die Forschung geht heute von der Tatsache aus, dass die Entstehung und Ausformung der homerischen Epen auf der Basis einer jahrhundertealten mündlichen Tradition beruhte. Die Geschichten vom Untergang Troias und der abenteuerlichen Heimkehr des Odysseus waren Teile einer ansehnlichen Reihe von Heldensagen, aus der für einen Vortrag immer wieder reichlich und neu geschöpft werden konnte. Der im Grundsatz mündliche Charakter dieser Überlieferung darf als gesichert gelten. Bestimmte Eigenheiten im Aufbau von Versmaß und Versen, ganzen Szenen oder Versgruppen ermöglichten letztlich die Tradierung der Heldengesänge von Generation zu Generation. Die Bestätigung für den mündlichen Charakter der homerischen Epen wird vor allem dem Amerikaner Milman Parry verdankt, der in den zwanziger Jahren die »oral poetry«-Forschung begründete.

Parry und seine Mitarbeiter studierten die serbokroatische Volksepik im modernen Jugoslawien, die wie der homerische Heldengesang eine freie Improvisationsdichtung ist, welche vor einem Auditorium vorgetragen wird. Die Ähnlichkeiten zwischen den beiden Dichtungsformen waren erstaunlich. Und die Untersuchungen brachten große Fortschritte im Verständnis des frühgriechischen Epos. Kein Zweifel aber kann darüber bestehen, dass die Dichtungen Homers um vieles anspruchsvoller und gehaltvoller sind als die jugoslawische Volksepik, dass es einen großen qualitativen Abstand gibt. Ähnliche Untersuchungen zur Weitergabe mündlicher Dichtungen wurden auch anderswo durchgeführt, zum Beispiel in Afrika, Irland oder Polynesien.

Auffallend in den homerischen Epen sind die zahlreichen formelhaften Verse, die immer wieder auftauchen. Mehr als ein Drittel der Verse sind solche Wiederholungen. Aber diese formelhaften Wort- und Wortgruppen-Schöpfungen hatten für den Vortragenden einen unvergleichlichen Vorteil. Sie konnten ohne Schwierigkeit als vorgefertigte Elemente in das Versmaß eingebaut werden. Außerdem ermöglichten sie bestimmte Charakterisierungen von Personen, Landschaften oder anderen Dingen. So lesen wir, dass Odysseus der »erfindungsreiche« Held ist oder »der göttliche Dulder«. Von Achilleus wissen wir, dass er der »fußschnelle« war und Hektor der »mit dem funkelnden Helme«. Der Olympos ist »groß«, Ilios ist »windig« und Agamemnon ist der »Hirte der Völker«.

Aber auch ganze Redewendungen können in Versform formelhaft ausgedrückt werden. Mit den Worten »und sie erhoben die Hände zum lecker bereiteten Mahle« wird der Beginn des Essens umschrieben, direkte Reden beginnen mit der Wendung »und sprach die geflügelten [besser: gefiederten] Worte«. Erstaunen drückt der Dichter mit der Formel »was für ein Wort entfloh dem Gehege deiner Zähne?« aus. »Das Versemachen dieser Art hatte einen ausgesprochen handwerklichen Charakter«, schrieb der Archäologe und Homerübersetzer Roland Hampe dazu. In der Tat konnte man durch emsiges Zuhören und Üben solcher Versatzstücke formulieren lernen und diese dann an geeigneter Stelle in den eigenen Vortrag einflechten – für diese Form des Vortrags musste man noch lange kein anspruchsvoller Dichter sein.

Die Wiederholung feststehender Redewendungen oder gar ganzer Szenarien hatte aber einen ganz handfesten Zweck. Indem der Vortragende solche »Wortschätze« ständig parat hatte, lief er nicht Gefahr, seine Darbietung durch Überlegungen unterbrechen zu müssen wie etwa »Wie soll ich die Morgenstimmung bei aufgehender Sonne beschreiben?«, sondern er konnte seine Gedanken völlig auf den Fortgang der Handlung konzentrieren.

Auch Homer beherrschte sein Sängerhandwerk. Auch er schöpfte aus dem reichen Fundus der Heldengesänge früherer Zeiten, auch in seine Dichtungen sind mannigfach Wiederholungen eingewebt. Manch einer wird diese Art der Wiederholung als künstlerisch anspruchslos verurteilen, die *Ilias* eher als naiv-langweilig einschätzen wollen denn als ein Beispiel großer Dichtung. Hat man aber einmal das zu Grunde liegende System und seine Voraussetzungen erkannt, dann steht dem rechten Verständnis für die Form und den Genuss des Inhalts nichts mehr im Wege.

Die große Leistung Homers gegenüber seinen Vorgängern und Kollegen bestand unter anderem darin, dass er, am Übergang von Mündlichkeit zu Schriftlichkeit und damit zur Textualität, erstmals das Thema eines Epos schriftlich erarbeitete und durchkomponierte. Mit der schriftlichen Fixierung entriss er das Werk dem Schicksal des Vergessens. Es war nicht mehr dazu verurteilt, nach dem Verklingen des letzten Wortes für immer verloren zu sein, sondern es konnte beliebig oft im Wortlaut wiederholt werden. Und es hatte einen roten Faden, um den sich Tausende von Hexametern gruppierten – in der *Ilias* ist es der Zorn des Achilleus, in der *Odyssee* ist es die Heimkehr des Helden. Damit durchbrach der Dichter den bis dahin wohl üblichen chronologischen Aufbau des »Und dann geschah das und danach das, usw.«.

Nach allem, was wir heute wissen, war Homer der erste Dichter der abendländischen Kultur, dessen Werke schriftlich abgefasst waren. Damit erhielten sie eine feste Form, die ihrerseits wiederum eine wortgetreue Überlieferung ermöglichte. Von keinem früheren Werk eines vor Homer lebenden griechischen Dichters ist etwas erhalten. Homer steht bis heute am Anfang der griechischen Literatur. Zum Zeitpunkt der schriftlichen Abfassung der homerischen Epen lagen rund vier Jahrhunderte hinter den Griechen, in denen es nach heutiger Kenntnis weder geschriebene Dichtung noch sonst irgendeine Form der schriftlichen Fixierung irgendeines Textes gegeben hatte.

Die Kenntnis der Schrift war zusammen mit der mykenischen Palastkultur zwischen 1200 und 1100 vor Christus untergegangen. Lesen und Schreiben waren aus dem Bewusstsein der Menschen verschwunden, verlernt und vergessen. Dass die Griechen der mykenischen Epoche diese Fertigkeit jedoch besessen hatten, beweisen zur Genüge die Mengen von Tontäfelchen, die in den Palästen von Knossos, Mykene und vornehmlich im Pylos des greisen Nestor gefunden wurden. Sir Arthur Evans entdeckte bei seinen Ausgrabungen im minoischen Palast von Knossos am 31. März 1900 die ersten Fragmente dieser für das Verständnis der mykenischen Kultur hoch bedeutsamen Schriftzeugnisse; heute sind Tausende solcher Tafeln und Fragmente bekannt. Auf ihnen sind aber keine Reste von Literatur erhalten, sondern ausschließlich Verwaltungstexte und wirtschaftliche Bestandsaufnahmen, Anordnungen zu Truppenverschiebungen oder für die Ausrichtung von Opfern, gleichsam Akten oder Notizen aus Palastarchiven.

Dass sie als Zeugen einer ersten Schriftlichkeitsphase erhalten sind, verdanken wir – so paradox es klingen mag – den Feuersbrünsten, in denen die Paläste untergegangen waren. Die Flammen brannten die Tontäfelchen, die eigentlich nicht zur dauernden Aufbewahrung gedacht waren, sondern als kurze Kontrolltexte oder Anweisungen. So wurden diese länglichen oder rechteckigen Tontäfelchen haltbar wie gebrannte Töpferware.

Ob es in mykenischer Zeit auch bereits geschriebene Literatur gegeben hat, wissen wir nicht. Aber trotz vielfacher

Darstellung von Badewannen und verschiedenen Behältnissen
Tontafel mit Linear B-Schrift,
gefunden im Palast von Pylos; 13. Jh. v. Chr.
(British Museum, London)

Ablehnung von mykenischer Dichtung in Schriftform wäre sie doch denkbar, denn dass es eine mykenische Heldendichtung gab – aus der letztlich auch Homer schöpfen konnte –, daran zweifelt kaum noch jemand. Diese Meisterwerke hätten die Herren von Mykene, Tiryns oder Pylos dann sicher nicht auf mehr oder weniger unförmigen Tontafeln bewahrt. Für solche Texte würde man doch eher wertvollere und leichter zu handhabende Materialien wie Pergament oder vielleicht auch Papyrus verwendet haben. Von diesen leicht vergänglichen Stoffen aber hat sich bis heute nichts mehr nachweisen lassen – wenn sie denn jemals im mykenischen Griechenland in Gebrauch waren.

Homer schildert in seiner *Ilias* jedenfalls eine Gesellschaft, in der die Schrift nicht geläufig gewesen zu sein scheint. Nur an einer Stelle im sechsten Buch (VI,168–170.178) erwähnt er diese Fertigkeit: Es geht um die Übermittlung einer Nachricht: Proteus schickt den Bellerophon zum König von Lydien »und gab ihm verderbliche Zeichen, / Auf geklappter Tafel geritzt, todbringende viele, / Hieß sie dem Schwiegervater zu zeigen, auf daß er verderbe«. Und der Adressat trachtet denn auch sogleich nach dem Leben des Überbringers. Konnte man früher diese Stelle so verstehen, dass hier Homer die Kenntnis der Schrift aus seiner Gegenwart in die fiktive Vergangenheit transportierte, so ist die Erklärungssituation heute eine gänzlich andere. Vor der türkischen Südwestküste nämlich wurde vor einigen Jahren das Wrack eines reich beladenen Handelsschiffes entdeckt, das etwa 1303 v. Chr. gesunken war. Unter den vielen wertvollen Gegenständen fanden die Forscher auch zwei hölzerne Klapptafeln, so genannte Diptycha. Mit diesen Funden ist für die mykenische Epoche Schrift außerhalb der Paläste nachgewiesen. Homer wusste davon vielleicht nichts mehr. Aber wenn er in den genannten Versen die Schrift erwähnt, dann wohl nicht deshalb, weil es sie zu seiner Zeit (wieder) gab. Vielmehr dürfte sich in diesen Zeilen ein Stück alter Überlieferung erhalten haben, die während der »dunklen Jahrhunderte« nach dem Untergang der mykenischen Palastkultur nicht vergessen worden war.

Einen großen Schritt vorwärts in der Eposforschung nach den Arbeiten von Milman Parry bedeutete die Entzifferung der Texte auf den Tontafeln der mykenischen Palastarchive. Der Nachweis, dass es sich hier um ein frühes Griechisch handelte – es wird heute als Linear B bezeichnet –, verdanken wir Michael Ventris. Seit seiner bahnbrechenden Entdeckung der Silbenschrift im Jahre 1952 wissen wir, dass die Herrscher und das Volk im mykenischen Griechenland tatsächlich griechisch sprachen. Homer musste sich keiner Silbenschrift bedienen. Er und seine Zeitgenossen nutzten eine reine Alphabet-Schrift, wie auch wir sie verwenden; jeder Buchstabe steht für einen bestimmten Laut. Diese Konsonantenschrift hatten die Griechen von den Phöniziern übernommen, mit denen sie regen Handel trieben und deren Literatur im achten Jahrhundert vor Christus durchaus bedeutend war. Die Griechen bildeten diese Schrift zur perfekten Phonemschrift aus. Aber was die Griechen damals wie auch später von anderen Kulturen wie zum Beispiel den Etruskern oder den Römern unterschied, war die Tatsache, dass sie mit der Schrift nicht auch die bis dahin in dieser Sprache fixierte Literatur übernahmen, sondern die Werke der eigenen Kultur damit verewigten.

Die *Ilias* als erstes Beispiel abendländischer Dichtkunst ist nicht nur als ein Beispiel von Weltliteratur bedeutsam. Vielmehr war dieses Werk nach dem heutigen Stand der Forschung auch der Initiator für die Bildung von Literatur und Textualität. Das heißt, sie steht am Beginn der »schriftgestützten Komposition von Texten mit höherer als bedarfspraktischer Zwecksetzung«, wie Joachim Latacz schreibt. Und sie steht am Anfang »der Regulation der gesellschaftlichen Beziehungen durch schriftlich fixierte Texte«. Bezeichnend für diese Schrittmacherfunktion von Homer und seinen Werken ist der nachweisbare Anstieg der Textmengen nach 700 v. Chr., also in der Zeit nach der Entstehung der *Ilias*. Dazu gehören beispielsweise die niedergeschriebenen Dichtungen von Hesiod und Archilochos.

Homer steht zwar am Beginn unserer Literatur, aber es wäre falsch, ihn als ersten Vertreter der griechischen Heldendichtung zu bezeichnen. Im Laufe der Jahrzehnte haben sorgfältige Sprachforschungen und archäologische Entdeckungen immer deutlicher werden lassen, dass es bereits lange vor Homer, und zwar in der mykenischen Epoche, so etwas wie den Heldengesang gegeben hat – die Szene, in der Achilleus am Strand von Troia den »Ruhm der Männer« zur Melodie der Leier besingt, mag davon eine Vorstellung geben. Der Dichter der *Ilias* steht jedenfalls in einer langen Tradition, gleichsam am Ende einer Entwicklung, die in die heroische Vergangenheit zurückreicht.

Es spricht viel dafür, dass das Wissen um diese Tradition, um die Ideale einer adligen Lebensführung unter den Angehörigen der herrschenden Klasse, die das Ende der zentral gelenkten Palastwirtschaft überlebt hatten, im Laufe der folgenden Generationen erhalten blieb. Denn eines sollte man sich klarmachen: Der Untergang der mykenischen Palastkultur, so plötzlich sie sich uns heute auch darstellen mag, war keinesfalls gleichbedeutend mit einem Völkermord, sondern es war die Vernichtung der Paläste und ihrer hoch effizienten Verwaltungsstrukturen, gleichsam die Ausschaltung des Gehirns. Das wiederum führte zu erheblichen Lähmungserscheinungen im komplizierten Gesamtorganismus. Die Überschussgesellschaft Mykenes und der andern Machtzentren degenerierte zunächst zu einer Reproduktionsgesellschaft, die um ihr Überleben kämpfte. Es dauerte einige Zeit, eben die »dunklen Jahrhunderte«, bis sich aus den versprengten Resten wieder etwas Neues entwickeln konnte.

Die historischen und kulturellen Voraussetzungen für die Entstehung der *Ilias*

Die Epoche, in der Homer seine *Ilias* dichtete, war eine Zeit des allgemeinen Aufbruchs. Hinter den Griechen lagen die – teilweise einer Agonie gleichenden – »dunklen Jahrhunderte«, vor ihnen lag ein großer kultureller Aufstieg, dessen schönste Blüte sicherlich das Zeitalter der Klassik im perikleischen Athen war. Mit der großen Kolonisationswelle im achten Jahrhundert vor Christus hatten sich die Tore für die Griechen wieder weit geöffnet, fanden zahlreiche Neuerungen Einlass, die bislang nur durch einen kleinen Spalt hatten einsickern können. Dieses Neue in wohl allen Aspekten des Lebens war die Grundlage für das, was wir als die griechische Kultur der historischen Zeit bezeichnen.

Einen entscheidenden Anteil an dieser »Renaissance« hatten sicherlich die überlebenden Nachkommen der alten Adelsfamilien. Sie waren schließlich die Garanten für die Pflege der eigenen »Geschichte«, die für die Identität eines Volkes von so hoher Bedeutung ist.

In der aufgehenden Blüte dieser griechischen »Wiedergeburt« blieben Traditionen der mykenischen Jahrhunderte lebendig, die sich zusammen mit den bedeutsamen Einflüssen aus dem Orient auf Kunst und Religion zu einer neuen Einheit formten. Durch persönliche Kontakte der politischen Führer, die Kolonisationsunternehmen in Ost und West sowie durch die Handelsbeziehungen zu den Völkern des östlichen Mittelmeerraumes und der Levante hielten sie Einzug in die Welt Homers. Der Dichter selbst wird in seiner Heimat im kleinasiatischen Ionien unmittelbar diesen schneller schlagenden Puls der Zeit deutlich gespürt haben.

In dieser von selbstbewusstem Aufbruch gekennzeichneten Welt entstand auch ein Wille zur Erinnerung an die eigene Vergangenheit, der Wunsch der Gesellschaft, durch die Niederschrift der eigenen mythischen Geschichte diese als festen Bestandteil der eigenen Kultur zu manifestieren. Vereinfacht formuliert: Man war wieder jemand, war unter der Führung des heimischen Adels aus den engen Grenzen des griechischen Mutterlandes in die Welt hinausgezogen, um neue Städte zu gründen. Weltkenntnis und -gewandtheit, Wohlstand und verfeinerter Lebensstil zogen wieder in die Hallen der Adelshäuser ein, wo man bei opulenten Gelagen – den Symposia – zusammensaß. Alte und neue Götter erhielten prächtige Heiligtümer, die bald zu »Weltruhm« gelangten. Erinnert sei zum Beispiel an das Heraion von Samos oder das Zeusheiligtum von Olympia; die hier ans Tageslicht gekommenen Funde belegen den lebhaften Aufschwung und die neuen oder wieder geschlossenen Kontakte mit anderen Völkern in jenen Jahrzehnten.

Das neue Selbstbewusstsein verlangte wie eh und je seine Begründung. Joachim Latacz hat dieses Bedürfnis treffend in Worte gefasst: »Das Mittel, dieses Bedürfnis zu befriedigen, lag bereit. Es war der Heldensang. Er hatte als Preis der edlen Herkunft und der uralten Führungstradition der griechischen Oberschicht in den Jahrhunderten seit der Katastrophe mehr überlebt als geblüht. Jetzt war zwischen seinen glanzvollen Inhalten und der Realität wieder ein – wenn auch neuartiges – Verhältnis der Angemessenheit eingetreten. Die Aristokratie des 8. Jhs. mußte den Spiegel, wenn sie in ihn hineinsah, nicht mehr beschämt als allzu groß dimensioniert empfinden.« Und in diesem geistigen Umfeld der Adelswelt mag Homer zu seiner Dichtung ermutigt oder gebeten worden sein. Er konnte bei seiner Arbeit sicher auf eine reiche Überlieferung zurückgreifen, zu der auch der große Komplex der Troiasage gehörte und aus der er einen kleinen Abschnitt wählte, um vom Zorn des Achilleus zu singen.

Warum aber wählte Homer gerade dieses Thema für sein Meisterwerk? Warum eine Episode aus dem großen Ganzen, die gerade einmal 51 Tage von den insgesamt zehn Jahren, die der Troianische Krieg dauerte, umfasst, und deren eigentlicher Kern sogar auf sechs Tage begrenzt ist? Gegenstand der *Ilias* ist der Streit zwischen zwei Königen, Agamemnon und Achilleus, um dessen Sklavin Briseis. Es geht um Normen adligen Lebens, Loyalität und Widerstand, Erhaltung des althergebrachten Gefüges und notwendigen Wandel auf Grund neuer Entwicklungen. Themen also, die den Zuhörern Homers wichtig waren. Denn auch der Adel des achten Jahrhunderts vor Christus sah sich durch die Entwicklungen vielfältigen und neuen Forderungen ausgesetzt, erlebte Gefährdungen des eigenen Führungsanspruchs im Zuge der Kolonisation durch das Aufstreben neuer Gesellschaftsschichten wie etwa der weit reisenden und welterfahrenen Kaufleute oder erfolgreicher Manufakturbesitzer, die mit der Öffnung neuer Märkte zu Reichtum und damit zu Macht kamen.

In dem Handlungsbogen der *Ilias* konnte Homer zu all diesen Fragen Stellung nehmen, konnte er Situationen der eigenen Gegenwart in die mythische Vergangenheit transponieren und Lösungsmöglichkeiten für anstehende Probleme anbieten oder Antworten versuchen auf brisante Fragen. Sein Personal stand bereit: Es waren die Helden der eigenen Vorzeit, also würdige Vertreter für die Zuhörer Homers. Sein Publikum kannte die Geschichte vom Krieg gegen Troia, kannte auch die Sagen, die sich zeitlich davor und danach anschlossen. Diese Tatsache haben zahlreiche Studien ergeben. Im Epos selbst wird an mehreren Stellen das Wissen um den gesamten Ablauf des Geschehens ja auch vorausgesetzt. Wenn die Zuhörer um das Ganze wussten, konnten sie sich ganz auf das konzentrieren, was ihnen der Dichter vorzutragen hatte, mussten sie nicht darauf achten, wer der Gegner des einen war, warum jener dies tat oder wie ein anderer mit diesem verwandt war. Der große Rahmen war vorgegeben, innerhalb dessen sich die Handlung der *Ilias* entwickelte. Somit stellte sich für den Einzelnen gar nicht die Frage nach dem Krieg an sich, ob und wann dieser stattgefunden hatte. Er war historische Vergangenheit, wenngleich er nicht in den Annalen irgendeines Kalenders vermerkt war, weil es einen solchen nicht gab. Troia und der Krieg darum waren lediglich eine Kulisse für die Handlung der *Ilias*. Die Quintessenz daraus für den Adel der homerischen Zeit mag die Lehre gewesen sein, dass durch die Uneinigkeit zweier Anführer die Gemeinschaft geschwächt wird. Persönliches muss zurückgestellt werden, wenn es um das Ganze geht. Eine Botschaft, die an den Adelshöfen sicherlich sehr gut verstanden wurde.

Mykenische Elemente im homerischen Epos

Wenn das Publikum Homers sich darüber einig war, dass der Troianische Krieg eine historische Tatsache längst vergangener Tage und nicht von Homer oder einem seiner zahlreichen Kollegen erfunden worden war, so müssen auf die eine oder andere Weise im Epos Spuren zu finden sein, die in diese ferne Vergangenheit weisen. Und diese muss letztlich hinabreichen in die Zeit der mykenischen Paläste, als die dort herrschenden Könige solche Taten hatten vollbringen können. Und tatsächlich gibt es solche Spuren. Durch die Entzifferung der mykenisch-griechischen Silbenschrift Linear B auf den Tontäfelchen der Paläste kennen wir heute einige typisch mykenische Wörter, Namen und Dinge.

Das wohl berühmteste Beispiel für ein Überbleibsel aus mykenischer Zeit ist das am Griff mit Silbernägeln beschlagene Bronzeschwert φάςγανον αϱγυϱόελον (phasganon argyróelon). In der *Ilias* wird es zweimal erwähnt. Einmal stellt Achilleus Siegespreise bei den Leichenspielen zu Ehren des Patroklos in Aussicht: »Diesem geb ich als Preis das Schwert mit den silbernen Buckeln« (XXIII,807). Das andere Mal trägt Aias im Kampf gegen Hektor ein solches Schwert: »[...] und traf mit der Lanze, / Wo sich über die Brust die beiden Tragriemen spannten, / Der von dem Schild und der von dem Schwerte mit den silbernen Buckeln.« (XIV,403–405)

Das Inventar der Archäologie kennt eine Waffe, auf die diese Beschreibung passt, bislang nur aus dem fünfzehnten Jahrhundert vor Christus; danach erst wieder im siebten vorchristlichen Jahrhundert. In den Schachtgräbern von Mykene wurden Dolche und Schwerter gefunden, auf die das Beiwort »silberbeschlagen« zutrifft. Auf einem Linear-B-Täfelchen aus Knossos ist das Wort »phásganon« zu lesen, das eine alltägliche Waffe bezeichnet; in Linear B ist auch »árgyros« belegt. Dieses Wort gehört in späterer Zeit in die poetische, von Homer ableitbare Dichtersprache; das Schwert wird sonst als »xíphos« bezeichnet, wie auch schon in Linear B. Auf Grund des archäologischen Befundes, und weil die Wortkombination als rhythmische Einheit hervorragend am Ende eines Hexameters geeignet ist, lässt sich schließen, dass hier ein Element mykenischer Dichtung erhalten ist.

Eine Erinnerung an »Mykenisches« mag sich auch darin widerspiegeln, dass, wie Egert Pöhlmann einmal formuliert hat, sämtliche in *Ilias* und *Odyssee* verarbeitete Mythen an Schauplätzen der mykenischen Epoche spielen, die nach dem Untergang der Paläste ihre Bedeutung verloren; Ausnahmen sind Athen und Theben. Zu den Orten gehören das Iolkos der Argonautensage, Kalydon mit der Meleagersage, Mykene mit Agamemnon, Klytaimnestra und Aigisthos sowie Pylos mit Nestor und den Neliden. Die Beispiele zeigen, dass die Epen die heroische Zeit der mykenischen Epoche darstellen wollten.

Und auch für die Rüstung und Bewaffnung der Helden vor Troia haben sich seit Schliemann und Dörpfeld interessante Belege gefunden. Der berühmte Turmschild des Aias, dessen Form an einen Ofenschirm erinnert, ist auf mykenischen Siegeln und auf einer mit kostbaren Einlegearbeiten verzierten mykenischen Dolchklinge bildlich ebenso überliefert wie der große manndeckende Schild in Form der Zahl Acht. Der im Epos anachronistisch anmutende, in geometrischer Zeit aber übliche Rundschild ist bereits auf der von Schliemann gefundenen »Kriegervase« aus Mykene dargestellt. Die erwähnten Einlegearbeiten sind Meisterwerke der

Löwenjagd mit den schützenden »turmhohen Schilden«
Detail einer bronzenen Dolchklinge aus dem Schachtgrab IV des mykenischen Gräberrundes A; 16. Jh. v. Chr.
(Athen, Nationalmuseum)

© Hirmer Fotoarchiv, München (Nr. 584.3082)

Metallkunst, und auch diese Form des Kunsthandwerks, wie sie im achtzehnten Gesang der *Ilias* beschrieben wird, ist in der Forschung mit Recht als mykenischer Reflex gewertet worden – wenngleich in der Beschreibung des Schildes für Achilleus eindeutige Hinweise auf orientalische Einflüsse zu finden sind, darunter die Darstellung der Gorgo als Schildzeichen.

Als ein Überbleibsel aus mykenischer Zeit kann auch der Gebrauch des Streitwagens gesehen werden, dessen Abbildungen Fresken und Grabstelen überliefern. Im Epos kommen die Streitwagen aber in unüblicher Weise zum Einsatz, nämlich bei Einzelkämpfen. Nestor jedoch erinnert sich noch daran, wie er in seiner Jugend mit Streitwagengeschwadern kämpfte – das war im zweiten Jahrtausend vor Christus die übliche Einsatzform dieser Waffe gewesen.

Auch für die Rüstungsteile der Kämpfer, die »erzgewandet« oder »gutgeschient« in die Schlacht zogen, sind bei Ausgrabungen Beispiele ans Tageslicht befördert worden, die als reale Entsprechungen aus mykenischer Zeit gelten dürfen. Der eindrucksvollste Fund dafür ist der Panzer aus einem Kammergrab in Dendra bei Midea, also nahe bei Mykene und Tiryns. Er besteht aus mehreren gehämmerten Bronzeteilen: Halsberge, Brust- und Rückenpanzer, Schulterstücke mit angesetzten Armschienen sowie vorn und hinten jeweils drei Bronzeringe zum Schutz des Unterleibs. Dazu wurden Fragmente von ein oder zwei Beinschienen geborgen und die Reste eines Eberzahnhelms. Auch in Theben wurden Reste eines ähnlichen Panzers entdeckt, der die Bewegungsfreiheit seines Trägers entsprechend eingeschränkt haben muss, wie wir das von den Ritterrüstungen des Mittelalters kennen.

Ein weiteres bekanntes Rüstungsteil ist auch der oben erwähnte Eberzahnhelm, von dem in ganz Griechenland Exemplare oder Darstellungen gefunden worden sind. Am Ende der Bronzezeit kam dieser Kopfschutz aus der Mode –

im späten dreizehnten Jahrhundert vor Christus ist er noch vereinzelt belegt –, und auch das berühmte Stück aus der so genannten »Dolonie« im zehnten Buch der *Ilias* ist bereits als altertümliches Erbstück des Odysseus bezeichnet. Der Großvater des Helden, Autolykos, hatte es von Amyntor erbeutet. Dieser dann vermachte es dem Amphidamas. Von diesem erhielt den Helm Molos als Gastgeschenk, und dessen Sohn Meriones schließlich setzte ihn dem Odysseus auf den Kopf: »Und Meríones gab dem Odysseus Bogen und Köcher / Und das Schwert und setzte die ledergefertigte Kappe / Ihm aufs Haupt; sie war von innen mit Riemengeflechte / Fest bespannt, und außen umgaben sie schimmernde Zähne / Eines Ebers mit weißen Hauern, nach hier- und nach dorthin / Gut und kundig gereiht, in der Mitte war Filz drin befestigt.« (X,260–265) Die »Dolonie«, dieses nächtliche Spähtruppunternehmen von Odysseus und Diomedes ins feindliche Lager, gilt in der Forschung häufig als spätere Einfügung, unter anderem deshalb, weil die Erhaltung eines originalen Eberzahnhelms über mehrere Generationen hinweg wegen der Vergänglichkeit der Materialien als unwahrscheinlich gilt.

Eine wichtige Ergänzung der mykenischen Realien im homerischen Epos sind die vor einigen Jahren gefundenen hölzernen Diptycha mit Scharnieren aus Elfenbein. Diese bereits erwähnte Entdeckung in einem Schiffswrack aus mykenischer Zeit vor der türkischen Küste bei Kas belegt, dass es außerhalb der Palastarchive Schrift gab. Und damit kann die oft angeführte Stelle in der *Ilias* (VI,168–170.178) nicht mehr als zwingend aus Homers eigener Gegenwart stammend interpretiert werden.

Auch bei der Beschreibung von Gebäuden stößt man auf Formelverse, die möglicherweise auf eine alte Tradition zurückblicken. So besitzen beispielsweise die Paläste des Priamos, des Menelaos und des Odysseus ein Kellergeschoss. Zu

Bronze-Panzer aus einem Kammergrab in Dendra
(mit rekonstruiertem Eberzahnhelm)
15. Jh. v. Chr. (Nauplia, Museum)

einem solchen Herrscherhaus gehörten neben dem ummauerten Hof mit Torhalle eine Vorhalle sowie die Haupthalle – das typische Megaron also, das von anderen komplexen Gebäuden umgeben ist. Immer wieder wird ein Obergeschoss genannt. Das bekannteste dürfte das im Palast des Odysseus sein, wo dessen Gemahlin Penelope ihr Schlafgemach hatte. Mögliche Analogien für derartige Hauskomplexe aus mykenischer Zeit sind im so genannten Palast des Nestor in Pylos zu finden, wo an vier Stellen Treppenhäuser ins Obergeschoss führen, in Mykene, wo im »Haus der Sphinx« und im »Haus des Ölhändlers« ein Keller nachgewiesen ist, und das »Haus der Säulen« hat ein Obergeschoss und ist zur Hälfte unterkellert. Aber auch in Troia VI sind Obergeschosse in Häusern nachgewiesen.

Dass die Tradition des Heldengesangs der mykenischen Epoche durch den Untergang der Paläste nicht dem Vergessen anheim fiel, die Bevölkerung zwar stark dezimiert, aber nicht ausgestorben oder hoffnungslos verdummt war, davon ist nach heutigem Kenntnisstand unbedingt auszugehen. Trotz des schweren Rückschlags ging das Leben in Griechenland weiter, trotz der folgenden Abschottung von der Außenwelt blieb die Erinnerung an die Vergangenheit wach. Es muss auch weiterhin noch vereinzelt intakte Fürstenhöfe gegeben haben, die Verbindung hielten zu überlebenden Freunden oder ehemaligen Handelspartnern. Und dass die Mythen an noch oder wieder existierenden Adelshöfen weiter gepflegt und tradiert werden konnten, dafür ist der Fund eines Fürstengrabs in Lefkandi auf Euboia ein vortrefflicher Zeuge.

Englische Archäologen legten hier einen 45 Meter langen und 10 Meter breiten Apsidialbau frei. Die bis zu anderthalb Meter hoch erhaltenen Mauern bestanden aus Lehmziegeln über einem Steinsockel. In regelmäßigen Abständen standen außen Pfosten, die für die Dachkonstruktion nötig waren.

Die hier gefundenen Importstücke aus Ägypten, Zypern und dem Nahen Osten sprechen eine deutliche Sprache. Die Keramik kann zwischen 1000 und 950 v. Chr. datiert werden, also genau in die Zeit der »dunklen Jahrhunderte«. In der Mitte des Raumes fand man in 2,5 Meter Tiefe ein Grab, das zweigeteilt und mit kostbaren Beigaben ausgestattet war. Im nördlichen Abschnitt lagen die Skelette von vier Pferden, im südlichen das Skelett einer Frau, die mit gekreuzten Händen und Füßen ins Grab gelegt worden war. Neben ihr stand eine mit einer Bronzeschale verschlossene Amphora, ebenfalls aus Bronze gearbeitet. In die Amphora hatte man die in einem Leichentuch aufbewahrte Asche des hier bestatteten »Fürsten« gelegt.

Der Fund von Lefkandi hat gezeigt, dass es hier eine ganze Reihe von Parallelen oder Ähnlichkeiten mit den Bestattungen der Helden gibt, die in den homerischen Epen beschrieben werden; der des Patroklos im 23. Gesang, des Hektor im 24. Gesang der *Ilias* und des Achilleus im 24. Gesang der *Odyssee*. Auch im Epos wurden die gefallenen Heroen verbrannt – eine in mykenischer Zeit sehr seltene und erst seit der Mitte des elften Jahrhunderts vor Christus übliche Bestattungsform –, auch Achilleus tötete für den Scheiterhaufen des Patroklos »vier Rosse mit kräftigem Nacken«. Die eingeäscherten Gebeine wurden in einem kostbaren Tuch geborgen und in einer goldenen Urne beigesetzt. Brandbestattungen haben Korfmann und sein Team aber auch im Friedhof in der Besik-Bucht von Troia nachgewiesen, der in die letzte Siedlungsphase von Troia VI zu datieren ist. Aus der Mitte des achten vorchristlichen Jahrhunderts kennen wir dann auch aus dem zyprischen Salamis vergleichbare »homerische« Bestattungen.

Außer mykenezeitlichen Realien, die in den homerischen Epen überliefert sind beziehungsweise überlebt haben, gibt es noch weitere Hinweise, die den Ursprung der Troiasage in mykenisch-griechischer Zeit wahrscheinlich machen, wenn nicht sogar beweisen. So hat vor kurzem Joachim Latacz in den *Grazer Beiträgen* auf den Siedlungsraum der Griechen im Epos hingewiesen. Dieser besteht vor allem aus dem griechischen Festland, den westgriechischen Inseln, Kreta und der Dodekanes. Die Kykladen bleiben weitgehend außen vor, und die gesamte kleinasiatische Westküste bis in die Höhe von Kos nebst den vorgelagerten Inseln werden nichtgriechischen Völkern zugeschrieben, darunter Phrygern, Karern oder Lykiern. Nun wissen wir aber heute, dass von etwa 1100 v. Chr. an eben dieses Gebiet von Norden nach Süden durch ausgewanderte Festlandgriechen besiedelt worden ist. Zur Zeit Homers also war hier der Teil Griechenlands, der als Ionien bekannt ist. Latacz schließt folgerichtig: »Die historische Grundkonstellation ›Griechenland *ohne* den Osten‹ kann authentisch nur aus der hellen Zeit *vor* der Katastrophe oder aus der Zeit *kurz danach* herstammen. Anders gesagt: Griechen in Kleinasien kamen in der ursprünglichen Geschehensablaufgeschichte deswegen nicht vor, weil es zur Entstehungszeit dieser Geschichte Griechen (als dominante Bevölkerungsschicht) in Kleinasien nicht gab.«

Und nicht weniger bedeutend ist der von Latacz in der gleichen Abhandlung wieder aufgenommene Hinweis, dass auf Grund sprachwissenschaftlicher Analysen der Hexameter schon sehr früh als Vers der griechischen Improvisationsdichtung erwiesen ist. Als Faktum gilt heute auch, dass »umfangreiche metrische Einheiten unseres Homertexts (bis zu ganzen Versen) bereits spätestens im 15. Jh. in genau gleicher Wortfolge, nur in einer *metrisch unanstößigen* Sprachform verwendet worden sind«. Die von der Forschung zusammengetragenen Beispiele zeigen schlussendlich, dass »die Sprache Homers metrisch, stilistisch und – dies allerdings zu einem von uns nicht mehr berechenbaren Anteil – auch sachlich-inhaltlich bereits spätestens *in der ersten Hälfte des 2. Jahrtausends* von griechischen Sängern verwendet worden ist«.

Diese Feststellung wiederum weist darauf hin, die Entstehung der Troiasage im Kern auf dem griechischen Festland – am ehesten im Umfeld des Palastes von Mykene – anzunehmen, bevor die Griechen sich nach Kleinasien aufmachten, um an der dortigen Westküste Kolonien zu gründen.

Homer hat also in seiner Dichtung Taten der mythischen Helden besungen. Deren Gegenwart war die mykenische Epoche, und in dieser Zeit spielte auch die *Ilias*. Vieles aber hat Homer auch aus seiner eigenen Zeit in das Werk einfließen lassen, seine eigene Kenntnis und Erfahrung genutzt. Dass zahlreiche Passagen der *Ilias* das Geschehen im Gewand der eigenen Zeit widerspiegeln, werden die Zuhörer kaum als grobe Verfälschung aufgefasst haben. Im Mittelalter wurden bekanntlich biblische Szenenins Bild umgesetzt, indem die Maler die handelnden Personen sowie die Landschaft und die Gebäude im Kostüm der Zeit, in der sie selbst lebten, darstellten, ebenso wie die Gegend mit ihren Architekturen. Und keiner, der die Bilder betrachtete, hat sich an dieser Darstellungsform gestoßen oder gar geglaubt, hier habe der Maler seiner Phantasie freien Lauf gelassen und reine Erfindung in Öl festgehalten. Die christliche Überlieferung war Wahrheit, und diese konnte durch die Darstellung nach Vorbildern der eigenen Zeit nicht unwahr werden – nur leichter verständlich. Und ebenso gingen Homer und sein Publikum davon aus, dass die Geschichten über den Groll des Achilleus, den Tod des Hektor oder das Troianische Pferd historische Wahrheit waren.

Die bereits schon in der Antike gestellte Frage nach der Historizität dieses Troianischen Krieges ist damit noch nicht beantwortet. Um sich überhaupt begründet darüber Gedanken machen zu können, muss zunächst einmal Troia mittels Schriftquellen außerhalb Homers identifiziert werden. Heute wissen wir, dass es diese Quellen gibt. Und so wird diese immer wieder gestellte Frage unten nochmals behandelt werden.

Troia und mykenisches Griechenland in ägyptischen und hethitischen Schriftquellen

In den homerischen Epen sind eindeutige Spuren der bronzezeitlichen Kultur der mykenischen Epoche erhalten: sowohl einzelne Realien wie auch sprachwissenschaftlich erschlossene Besonderheiten. Auch ein umfangreicher Teil der Kulisse, vor der die *Ilias* spielt, scheint dies zu bestätigen. Wenn nun eine ganze Reihe solcher Belege in die Zeit der mykenischen Griechen weist, so stellt sich unwillkürlich die Frage, ob nicht andere Mächte im Mittelmeerraum etwas von diesen Herrschern und ihren Reichen im festländischen Griechenland und an der kleinasiatischen Westküste wussten.

Eine Macht, wie sie das – vereinigte? – Königreich von Mykene in seiner Blütezeit zweifelsohne darstellte, musste in irgendeiner Form von seinen Nachbarn beachtet und möglicherweise auch geachtet werden. Wer seinen Königen derart prachtvolle Schätze für die Reise ins Jenseits mitgeben und derart aufwendige Begräbnisfeierlichkeiten ausrichten konnte, wie es die von Schliemann entdeckten und auch später noch ausgegrabenen Schachtgräber zeigten, wer Kuppelgräber von solcher herrschaftlichen Monumentalität zu erbauen vermochte, wie sie das »Schatzhaus des Atreus« verkörpert, der musste eine nicht unbedeutende Rolle im Machtgefüge und in der Politik des mittleren und östlichen Mittelmeergebiets gespielt haben.

Die Hauptorte der Epen – Mykene und Troia – waren ja für die Menschen der Antike zweifelsfrei identifiziert und eindeutig lokalisiert. Betrachtet man die Landkarte jener Epoche, so fallen sofort zwei Großmächte auf, für die auf Grund ihrer geographischen Lage und Politik unbedingt ein

Kontakt mit Mykenern und Troianern anzunehmen ist: Ägypten und das Reich der Hethiter.

Schon früh hat die Forschung auf schriftliche Quellen hingewiesen, die solche Kontakte zu belegen schienen. Aber die Akzeptanz dieser Möglichkeit blieb lange Zeit eine »Glaubenssache«, wie der Kenner dieser Materie, Hans G. Güterbock, einmal gesagt hat, konnten doch die Unsicherheiten in der Bewertung des vorliegenden Quellenbestandes nicht beseitigt werden. Erst in den letzten Jahren sind das Material und die wissenschaftlichen Ergebnisse zu dieser Frage derart umfassend angewachsen und brillant ausgewertet worden, dass es heute keinen vernünftigen Zweifel mehr geben kann: Die beiden Mächte Mykene und Troia sind in ägyptischen und hethitischen Schriftquellen erwähnt.

Aus Ägypten stammt eine auf einem Statuensockel aufgeführte Liste mit ägäischen Ortsnamen, die im Totentempel Amenophis' III. (etwa 1390–1352 v. Chr.) in Theben-West gefunden wurde. Genannt werden die Länder Kreta und das Reich der Danaer: eine bei Homer, Pindar und Pausanias überlieferte Bezeichnung für die achäischen Griechen – die Danaoi – in der Argolis, in Lakedaimonien und in Mykene. In der Bezeichnung »Danaergeschenk« für das Troianische Pferd ist der Name bis heute eine feststehende Redewendung. So entspricht Kafta Kreta und Danaja/Tanaja dem Reich der Danaer. Dazu kommt noch eine Reihe von Ortsnamen. Die peloponnesisch-festländischen sind unter anderen Mykene, Theben, Nauplia und Elis. Bereits in den Annalen von Thutmosis III. (etwa 1479–1426 v. Chr.) wird der Fürst der Danaer erwähnt, und zwar im Zusammenhang mit einer kostbaren Ehrengabe, die um das Jahr 1437 v. Chr. ihren Empfänger erreichte: »einer silbernen Kanne in Kafta-Arbeit«, also in kretisch-minoischem Stil, »zusammen mit vier Bechern aus Kupfer mit silbernen Henkeln«; insgesamt wogen die Stücke mehr als fünf Kilogramm. Der Grund für dieses reiche Geschenk liegt wohl im Bestreben des Herrschers um diplomatische Beziehungen zum Pharao, zu dessen Reich damals auch die gesamte Levanteküste und Nordsyrien bis zum Euphrat gehörten.

Das homerische Reich des Agamemnon war den Ägyptern also nicht nur bekannt, es war ihnen auch mit Blick auf politische Implikationen ein geographisch erwähnenswerter Begriff. Die archäologischen Funde und die Überlieferungen belegen die politische und wirtschaftliche Rolle des mykenischen Griechenland zur Genüge, die im Laufe der Jahrhunderte stetig ausgebaut wurde. Auch die Handelsniederlassungen oder Machtexklaven an der kleinasiatischen Westküste bezeugen diese Entwicklung seit der Zeit um 1400 v. Chr. Ob als Gegner oder als Freund: Wer in der Nähe mykenischer Einflusssphären lebte oder herrschte, musste mit den Männern aus Griechenland rechnen. Und wenn es den bei Homer überlieferten Troianischen Krieg gegeben haben sollte, dann könnte ein solches Großunternehmen sicherlich nicht unbeachtet bleiben.

Von den mykenischen oder – wie Homer sie auch nennt – achäischen Herrschern selbst ist keine Nachricht auf uns gekommen. Das Gleiche galt bis vor wenigen Jahren auch für die Machthaber in Troia. Das änderte sich im Jahr 1995 schlagartig mit dem wahrhaft als sensationell einzustufenden Fund eines bikonvexen Siegels, das in einem Haus der Schicht »Troia VIIb2 früh« gefunden wurde, somit um 1150 v. Chr. unter die Erde gekommen war; das Siegel selbst ist möglicherweise älter. Die in luwischen Hieroglyphen verfasste Inschrift nennt einen Schreiber und dessen Frau. Mit dieser Entdeckung wurde endlich der Beweis dafür erbracht, was im Grunde als logische Konsequenz der Gesamtsituation ohnehin von mehreren Fachleuten angenommen worden war: In Troia kannte man Schrift als Mittel zur Verständigung, zumindest im Bereich des Herrscherhauses und seiner

Das in Troia gefundene bikonvexe Bronzesiegel
(Vorder- und Rückseite) mit Schriftzeichen
2. Hälfte des 12. Jh.s v. Chr.
© Archäologisches Landesmuseum Baden-Württemberg
Foto: Mehmet Gülbiz

Angelegenheiten sowie im Verkehr mit anderen Machthabern und deren Ländern.

Der Weg, den das Siegel aus Troia der Forschung erneut wies, führte direkt in die Palastarchive der Hauptstadt des Hethiterreiches im anatolischen Hattusa, nahe dem heutigen Ort Boghazköy. Schon früher hatte man die Möglichkeit erkannt und auch zur Diskussion gestellt, dass die dort entdeckten, auf Keilschrifttafeln erhaltenen Korrespondenzen und Verträge der hethitischen Großkönige mit ihren Vasallenstaaten und mit benachbarten Machthabern auch Hinweise auf Kontakte mit Herrschern aus dem Achaierland und gar mit Troia selbst, der heiligen Ilios, beinhalten könnten. Aber es gab innerhalb der Fachwelt zu viele offene Fragen – beispielsweise zur Geographie des Hethiterreiches und zur sprachwissenschaftlichen Bewertung –, so dass kein Konsens in der Einschätzung des zur Verfügung stehenden Archivmaterials zu erreichen war.

Neu entdeckte Schriftquellen, neue Lesungen bereits bekannter Inschriften und die Beflügelung der Forschung durch den Siegelfund in Troia aber haben in den letzten Jahren die Situation erheblich verändert, ja, man darf mit einiger Sicherheit sagen: geklärt. Das Siegel lenkte wohl die Aufmerksamkeit der Kenner wieder auf die bereits bekannte hethitische Korrespondenz mit den kleineren Staatsgebilden in der Nachbarschaft oder im eigenen Herrschaftsbereich. Das Interesse an diesem Schriftverkehr war lange Zeit zugunsten desjenigen mit den großen Nachbarn, wie etwa Ägypten, in den Hintergrund getreten.

So ist es auf Grund der aktuellen Ergebnisse heute möglich, einen Einblick zu bekommen in die damaligen Machtstrukturen, kriegerischen Auseinandersetzungen und diplomatischen Ränkespiele, die sich im östlichen Mittelmeer zwischen dem fünfzehnten und dreizehnten Jahrhundert vor Christus etabliert beziehungsweise abgespielt haben. An die Stelle der Möglichkeit früherer Jahre ist eine Gewissheit getreten.

Entscheidend zur Lösung mancher offener Fragen haben die Untersuchungen des Tübinger Hethitologen Frank Starke beigetragen. Er konnte die Landkarte des Hethiterreiches vervollständigen und schlüssig nachweisen, dass das Staatsgebilde Wilusa/Wilios, mit dessen Herrscher Alaksandu – der entsprechende Name im Griechischen ist Alexandros, wie auch der Priamossohn Paris genannt wird – der Großkönig Muwatalli II. (etwa 1290 – 1272 v. Chr.) einen Vasallenvertrag geschlossen hatte, im Westen des Reiches lag und mit dem Ilios aus den homerischen Epen identisch ist. Aus diesem Text geht auch hervor, dass Wilusa/Wilios bereits seit rund dreihundert Jahren in engerem Kontakt zu den Hethitern stand. Die jetzt anerkannte Gleichsetzung von Wilusa/Wilios mit Ilios ist – verkürzt formuliert – nachvollziehbar, wenn man bedenkt, dass der Name der Stadt des Priamos ursprünglich mit dem Buchstaben »Digamma« begann, der wie ein »W« ausgesprochen wurde und später aus dem griechischen Alphabet verschwunden ist. Wilios wurde also zu Ilios. Nach dem Tod von Alaksandu muss es zu instabilen innenpolitischen Verhältnissen gekommen sein. Jedenfalls musste laut des so genannten »Millawanda-Briefs« – hinter Millawanda verbirgt sich das griechische Milet – der Großkönig Tudhalija IV. sich darum bemühen, dem Nachfolger Walmu wieder auf seinen Thron in Wilusa zu helfen.

In den Annalen Tudhalijas I. (etwa 1420–1400 v. Chr.) sind Länder aufgezählt, zu denen auch Wilusija und das Land Taruisa gehören. Während Wilusija heute getrost mit Wilios gleichgesetzt werden kann, liegt die Gleichsetzung von Taruisa mit Troia zwar nahe, ist aber noch nicht endgültig geklärt oder besser: bewiesen. Mag sein, dass Wilusija das Stadtgebiet von Wilios meint, Taruisa die umgebende Landschaft, also die Troas. Wenn aber nun das Ilios bei Homer historisch ist, so darf gleiches von der Bezeichnung Troia angenommen werden.

Und auch das Land der Achaier, der Angreifer von Troia in Homers *Ilias*, wird in den Akten von Hattusas erwähnt. Es ist das Ahhijawa, das heute mit Teilen des östlichen Griechenlands und der Inseln des östlichen Mittelmeeres mit dem Außenposten Milet in Verbindung gebracht wird. So hatte sich ein Pijamaradu, der Schwiegervater von Atpa, dem Repräsentanten des Königs von Ahhijawa in Millawanda/Milet, unter anderem in die inneren Angelegenheiten von Wilusa eingemischt, die Insel Lazba/Lesbos überfallen und von dort Handwerker nach Millawanda verschleppt; eine Aktion, die wiederum auch den Großkönig auf den Plan rief. Dieser Pijamaradu machte noch in den folgenden Jahrzehnten die Westküste Kleinasiens unsicher, bis in die Zeit Hattusilis III. (etwa 1265–1240 v. Chr.).

Von diesem Hattusili III. nun ist eine Botschaft an den

König von Ahhijawa überliefert, der so genannte »Tawagalawa-Brief«, in dem der Großkönig den Adressaten mit »mein Bruder« anredet. Damit ist bezeugt, dass der Ahhijawa-Herrscher auf einer Stufe stand mit dem Absender und dem äygyptischen Pharao. Die Männer im Westen haben also in der Politik von Hattusa keine untergeordnete Rolle gespielt. Ihre erstarkende Machtposition im östlichen Mittelmeergebiet, die in den hethitischen Schriftquellen hinreichend nachvollziehbar ist, führte dazu, dass sie von den Hethitern und ihren Verbündeten beziehungsweise ihren Vasallen als politische Groß- und bedeutende Handelsmacht eingeschätzt wurden; das legen die archäologischen Befunde ohnehin nahe.

Die beiden genannten Quellenkomplexe, der ägyptische und der hethitische, zeigen zur Genüge, dass heute die Identifizierung Troias, seine topographische Lage und seine Bedeutung in der Bronzezeit – und auch früher schon – nicht mehr nur auf der Überlieferung Homers beruht, sondern dass sie unabhängig vom griechischen Nationaldichter möglich geworden ist. Und sie beweist die schon früh von Manfred Korfmann geäußerte Vermutung, dass Troia nicht nur mit dem bisher üblichen graecozentrierten Blick betrachtet werden darf, sondern dass vielmehr die Komponente »ex oriente« die Lösungen vieler Fragen für das Verständnis der Ruinen auf Hisarlik mit Erfolg verspricht. Diese Tatsache hat für die weitere Forschung eine außerordentliche Bedeutung.

Was die seit einigen Jahren gewonnenen Erkenntnisse für die stets auf dem Tablett der Homerforschung liegende Frage nach der – wie auch immer gearteten – Historizität des in den homerischen Epen überlieferten Krieges bedeuten kann, wird weiter unten zu behandeln sein. Zunächst aber soll der Blick wieder auf Troia selbst gerichtet werden, auf die Arbeiten der Archäologen auf Hisarlik.

Die neuen Ausgrabungen in Troia

Seit dem Sommer 1988 wird in Troia wieder gegraben. Fünfzig Jahre waren vergangen, seit die Untersuchungen unter der Leitung des Ausgräbers des Nestor-Palastes in Pylos, Carl William Blegen, auf dem Burghügel beendet wurden und knapp ein Jahrhundert zuvor hatte Heinrich Schliemann hier seine letzte Ausgrabungskampagne durchgeführt. In der Abfolge der archäologischen Untersuchungen auf Hisarlik steht die international zusammengesetzte Mannschaft unter der Leitung des Tübinger Prähistorikers Manfred Korfmann im fünften Grabungszyklus. Die einzelnen Zyklen der Ausgrabungen bedeuten inhaltlich und arbeitstechnisch jeweils neue Ansätze.

Der erste Zyklus dieser Zählung begann mit Schliemanns Ausgrabungen im Jahr 1871 und dauerte bis 1873. Der zweite umfasst die Jahre nach den Aufsehen erregenden Funden in Mykene: 1878, 1879 und 1882. Der dritte Zyklus beginnt mit dem Todesjahr Schliemanns 1890 und schließt die Forschungen Wilhelm Dörpfelds in den Jahren 1893 und 1894 mit ein. Den vierten Zyklus schließlich markieren die Ausgrabungen der amerikanischen Universität in Cincinnati unter Blegens Leitung.

Manfred Korfmann war vor Beginn seiner Arbeiten von der türkischen Regierung eine Grabungserlaubnis erteilt worden, die nur auf seine Person bezogen ist – das war in Troia ein Novum. Er ist heute wohl der beste Kenner der Landschaft der Troas und ihrer archäologischen Besonderheiten. In den Jahren zuvor hatte er bereits umfassende Grabungen in der Besik-Bucht durchgeführt, nahe dem einstigen Hafen Troias. Hier untersuchte er in sieben Kampagnen vor allem frühe Siedlungsschichten, die zeitgleich und älter als

Troia I sind und zur Vorgeschichte der Besiedlung Hisarliks gehören. Anders formuliert: Korfmann hatte sich langsam, aber sicher an Troia herangegraben.

Archäologie einer Landschaft

Der Tübinger Wissenschaftler ist nicht nach Troia gekommen, um in die Fußstapfen von Heinrich Schliemann zu treten und der Öffentlichkeit Beweise für die Historizität des homerischen Troia und des in der *Ilias* beschriebenen Krieges zu liefern. Eine Tatsache, auf die immer wieder hingewiesen werden muss. Sein Forschungsansatz ist umfassender. Korfmann will hier, an der Nahtstelle zwischen Europa und Asien, zwischen Orient und Okzident, der Entwicklung der kulturellen und handelspolitischen Verbindungen der Frühzeit nachgehen. Die Frage nach der Historizität der homerischen Überlieferung ist demnach lediglich ein Teilaspekt der Unternehmung »Troia und die Troas. Archäologie einer Landschaft« – wenngleich dieser die Gemüter am heftigsten bewegt.

In einem Punkt aber sieht sich Korfmann absolut in der Nachfolge Schliemanns stehend. Alljährlich vor Beginn der Grabungen findet in Troia eine Konferenz statt, auf der die weitere Vorgehensweise mit anderen Wissenschaftlern abgestimmt wird. Es ist dies die Fortführung der so genannten Hisarlik-Konferenzen, die Schliemann in den letzten Jahren seiner Arbeiten eingeführt hatte. »Troia läuft nicht Gefahr, auf Grund einsamer Beschlüsse der Grabungsleitung ausgegraben zu werden«, hat Korfmann zur Wiederaufnahme dieser Einrichtung einmal gesagt.

Die aktuellen Ausgrabungen in Troia sind ein gutes Beispiel für hervorragende Organisation und besten Teamgeist.

Wer vor oder auf dem Ruinenhügel von Hisarlik steht, sich zwischen den über- und nebeneinander liegenden Zeugnissen einer mehr als dreieinhalb Jahrtausende währenden Siedlungsgeschichte zurechtfinden will, der bekommt eine Ahnung von den erheblichen Anforderungen, denen sich die Grabungsmannschaft gegenübersieht. Selbst die in größerem Maßstab angefertigten Pläne einzelner Grabungsareale sind ohne die konzentrierte Einlassung auf das Dargestellte nicht ohne weiteres zu lesen.

Beim Studium solcher Unterlagen muss man unwillkürlich – trotz mancher berechtigter Kritik – den Arbeiten Schliemanns und seiner Mitarbeiter Achtung zollen. Diese forschten hier zu einer Zeit, als die Grabungsarchäologie noch in den Kinderschuhen steckte und die uns heute geläufigen Methoden noch keineswegs zum Handwerkszeug der Ausgräber gehörten. Vor diesem Hintergrund ist es umso bemerkenswerter, dass Manfred Korfmann und seine Mitarbeiter sich in Troia sehr schnell eingerichtet haben und die alljährlichen Kampagnen ohne langwierige Anlaufphasen beginnen können.

Interdisziplinäre Forschung am großen Mosaik Troia

Die lange Liste der unterschiedlichen Wissenschaftsdisziplinen, die an den Forschungen in Troia beteiligt sind, versetzt den Laien auch im Zeitalter, in dem die interdisziplinäre Forschung auf allen Wissensgebieten eine Selbstverständlichkeit geworden ist, in Staunen. Schon Schliemann hatte damit begonnen, diverse Forschungsrichtungen bei seinen Arbeiten mit einzubeziehen. Deren Vertreter helfen heute mit ihren Untersuchungen vor Ort oder in Instituten, Steinchen für

Steinchen in das große Mosaik einzufügen, dessen endgültige Ausmaße noch keineswegs ausgemacht sind.

So untersuchen beispielsweise Prähistoriker die frühesten Besiedlungsphasen auf Hisarlik (Troia I und II), wollen Bronzezeit-Archäologen mehr über das homerische Troia VI wissen, während die Kollegen von der Universität von Cincinnati die beachtlichen Reste der griechischen und römischen Stadt Ilion/Ilium freilegen. Architekten versuchen die Wohnhäuser und andere Bauten im Plan zu erkennen und die einzelnen Bauphasen zu unterscheiden. Die Dokumentation der Arbeiten mittels Photographie, Zeichnung und Tagebuchführung gehört zu den Hauptaufgaben der Wissenschaftler vor Ort. Alle diese Arbeiten müssen äußerst genau sein, da jede Ausgrabung schließlich auch eine unumkehrbare Zerstörung von Befunden ist, wenngleich auch eine kontrollierte.

Hand in Hand mit den Ausgräbern in den einzelnen Grabungsabschnitten erfolgt hinter und im Semple-Haus, dem wieder in Betrieb genommenen früheren Grabungshaus der amerikanischen Expedition am Rande Hisarliks, die Bearbeitung der Funde und erste Restaurierungen. Hier werden die großen Mengen an Keramik registriert, katalogisiert, teilweise gezeichnet und schließlich chronologisch bestimmt, soweit das schon möglich ist. Dabei wird kein Unterschied gemacht zwischen unverzierter, von Hand gefertigter Gebrauchskeramik für den Alltag der ehemaligen Bewohner und der feineren bemalten Ware, wie etwa den mykenischen Importen, die für die Datierung bronzezeitlicher Funde von Bedeutung ist.

Bronzene Gewandnadeln werden genauso penibel gesäubert, fotografiert und gezeichnet wie römische Terrakottafigürchen, weniger ansehnliche Spinnwirtel ebenso sorgfältig behandelt wie etwa die 1993 gefundene Panzerstatue des Kaisers Hadrian. Bauforscher vermessen und zeichnen akri-

Statue Kaiser Hadrians im Brustpanzer
um 124 n. Chr. (Canakkale, Museum)
Die Abbildung zeigt das Anpassen des Kopfes
auf den Rumpf der Figur
Foto: Michael Siebler

bisch Teile der Burgmauer von Troia VI und Restauratoren überlegen sorgfältig, welche Mauerteile oder Ruinenflächen Hisarliks gesichert oder restauriert werden, um das Erscheinungsbild des Ruinenhügels und seines näheren Umkreises nicht zu verfälschen beziehungsweise um späteren Generationen eine erneute Kontrolle oder gar eine noch bessere Wiederherstellung zu ermöglichen.

Eines der vordringlichsten Restaurierungsvorhaben war beispielsweise die Sicherung der berühmten Steinrampe, die zu Schliemanns »Skäischem Tor« führt. Über diesen Torweg der Siedlungsstufe Troia II/III liefen alljährlich Tausende von Touristen. Das konnte nicht ohne negative Folgen für den Zustand dieser Anlage bleiben. Nachdem die Seitenwangen rekonstruiert und der Bodenbelag mit neuen Steinplatten ausgebessert worden war, wurde die Steinrampe endgültig für den Besucherstrom gesperrt.

Eine nicht minder wichtige Rolle bei der Rekonstruktion des äußeren Erscheinungsbildes von Troia in den verschiedenen Siedlungsepochen und den sich während der Jahrtausende ändernden Lebensumständen spielen die modernen Naturwissenschaften. Archäozoologen und -botaniker sowie Anthropologen stellen anhand der Knochen- und Pflanzenreste die ehemalige Speisekarte der Einwohner von Troia sowie der sie umgebenden Flora und Fauna wieder zusammen oder sie untersuchen die Knochen aus den Gräbern nach Krankheiten und Mangelerscheinungen der Verstorbenen.

Exkurs: Die 14C-Untersuchungen für Troia und dessen Stellung in der Chronologie-Diskussion

Aus historischen Darstellungen und Schulbüchern sind die mehr oder weniger ausführlichen Chronologie-Tabellen der vorderasiatischen und der südosteuropäischen Bronzezeit bekannt. Man nutzt sie gerne, um sich einigermaßen über die einzelnen Zeitabschnitte und Epochen der meist schriftlosen Kulturen zu informieren. Nur selten fragt man nach den Grundlagen dieser Chronologie, ihren Basisdaten. Kaum geläufig nämlich ist die Tatsache, dass diese Informationen seit mehr als hundert Jahren aus der mehr als sechzehn Meter hoch messenden Abfolge der Schichten in Troia stammen. Nirgends sonst konnten derart viele Funde geborgen, konnten so zahlreich Befunde studiert werden.

Aus der relativen Chronologie Hisarliks wurde auf Grund des immer zahlreicher werdenden Materials von anderen Fundorten – erinnert sei an Mykene, Pylos oder die altägyptischen Stätten – ein verfeinertes Datierungssystem entwickelt. Dieses reifte im Laufe der Jahre unter anderem mit Hilfe der absolut datierten Stücke und Monumente aus dem pharaonischen Ägypten oder derjenigen der historischen Stadtstaaten Mesopotamiens und Syriens (hier können wir bekanntlich auf schriftliche Zeugnisse zurückgreifen) zu einer absoluten Chronologie heran. So genannte Kettendatierungen halfen, nötige Brücken von einem Fundort zum anderen zu schlagen.

Regelrecht erschüttert wurde das gewonnene Chronologiesystem zu Beginn der fünfziger Jahre. Die neu entdeckte physikalische Datierungsmöglichkeit mit Hilfe des allmählichen und gesetzmäßigen Verfalls von Kohlenwasserstoff in organischen Verbindungen – als 14C-Methode bekannt – brachte abweichende Datierungen in die Diskussion. Plötzlich wurden Fundorte und Kulturen erheblich anders datiert. Der sich immer stärker durchsetzende Glaube an die unbedingte Objektivität der naturwissenschaftlichen Ergebnisse versetzte der Bedeutung Troias als Referenzplatz für die Chronologie einen herben Schlag. Troia geriet in der Chronologiediskussion immer mehr ins Abseits. Manche Forscher sparten Hisarlik in ihren Überlegungen geradezu aus.

Kein Wunder, wenn Korfmann bei seinen Ausgrabungen der Chronologie Hisarliks von Anfang an eine große Bedeutung zumaß und mit verfeinerten naturwissenschaftlichen Untersuchungsmethoden dieses wichtige Kapitel erneut aufschlug. Seine Mühen haben sich gelohnt. Heute stehen der Wissenschaft zahlreiche 14C-Daten und andere mit physikalischen Methoden gewonnene Daten aus Troia und seiner nächsten Umgebung zur Verfügung und erlauben, so Korfmann, die Feststellung, dass Troia »in den Kreis der chronologischen Leitplätze zurückgefunden hat – und zwar erneut als führender Ort«.

Trotz dieses erfreulichen Ergebnisses darf man aber daraus nicht leichtfertig wieder einen Primat der Naturwissenschaften gegenüber der komparativen Methode formulieren, denn wo den Naturwissenschaften nicht die nötigen Basisinformationen geliefert werden, ist weiterhin die menschliche Kombinationsgabe die einzige Möglichkeit, um Befunde interpretieren zu können.

Troia VI/VIIa: Das homerische Troia in neuer Sicht

Unter allen Siedlungsanlagen auf Hisarlik ist diejenige, die allgemein als Troia VI bezeichnet wird, die bedeutendste; das gilt für die räumliche Ausdehnung ebenso wie für die historisch-kulturelle Einstufung. Zusammen mit der folgenden jüngeren Schicht, Troia VIIa, repräsentieren die beiden die Stufe der »Troianischen Hochkultur« und gelten als Kandidaten für das homerische Troia. Datiert werden sie in die mittlere und späte Bronzezeit, also in die Jahre zwischen 1700 und 1300/1250 v. Chr. (Troia VI) und 1300/1250 bis etwa 1200 v. Chr. (Troia VIIa). Bevor Manfred Korfmann 1988 die neuen Ausgrabungen auf Hisarlik begann, identifizierten Forschung und Besucher des Hügels Troia VI mit den imposanten Befestigungsmauern und den nicht viel weniger ansehnlichen Gebäuderesten im Inneren des noch erhaltenen Mauerrings. Hier war ein völlig neuer Herrschersitz entstanden, der an Bedeutung alle früheren und späteren Stadtanlagen übertraf.

Durch die Planierungsarbeiten in hellenistischer und römischer Zeit wurde der größte Teil dieser Anlage zerstört, vor allem die Akropolis, die bei Homer Pergamos genannt wird. Aber auch der nördliche Teil ist unwiderruflich vernichtet. Reste von Troia VI konnten nur an den südlichen Rändern des Hügels freigelegt werden, genauer: in der Randzone zwischen den Mauern von Troia II und Troia VI. Die Befestigungsmauer, die in ihrem Verlauf immer wieder in acht bis zehn Meter großen Abständen eingearbeitete Mauervorsprünge in Sägezahnform zeigt, wurde auf einem technisch hohen Niveau aus Quadersteinen bis zu einer Höhe von acht Metern errichtet. Sie ist deutlich geböscht und hat eine Stärke von vier bis fünf Metern. Oberhalb der Steinquader erhob sich eine Lehmziegelmauer. Mächtige Festungstürme, Toranlagen und Pforten unterbrachen die 552 Meter messende Anlage.

Im Süden lag ein großes Tor, durch das eine breit angelegte Straße bergan führte. Ein großer Turm flankierte es an der linken Seite. Im Osten der Burg befand sich eine weitere Toranlage, die möglichen Angreifern durch eine seitlich vorgezogene Mauer den Ansturm erschwerte, da von hier aus die Verteidiger die vom Schild ungedeckte rechte Seite der Feinde mit Lanzen, Pfeilen und Schleuder- oder Wurfsteinen bekämpfen konnten; eine vergleichbare Anlage gibt es am Löwentor von Mykene.

Die Innenbebauung war auf annähernd ringförmigen Terrassen angelegt, die sich hintereinander erhoben. Im ausgegrabenen Teil wurden freistehende, zum Teil zweistöckige Großbauten festgestellt, darunter auch einige Megaronbauten. Insgesamt konnten Grundrisse von zehn Bauten identifiziert werden. Das größte von ihnen, das so genannte »Pfeilerhaus«, liegt direkt neben dem Südtor. Es misst 26 Meter in der Länge und 12 Meter in der Breite. Zu den bedeutendsten Gebäuden gehört das Haus VIE, das über einer steilen Außenmauer aus glatt geschnittenen Steinen errichtet wurde. Im Haus VIF fanden die Ausgräber Steinpodeste für Ständer und Aussparungen im Mauerwerk für die Balken der Zwischendecke. Interessant ist auch das Haus VIM mit seinem L-förmigen Grundriss, dessen geböschte Fundamentmauer ganz der Befestigungsmauer mit Sägezahngliederung entspricht. Die Straßen waren wohl radial um die Akropolis angelegt und von ansehnlicher Breite. Im einstigen Zentrum des Burgbergs dürfen mit gutem Grund die Hauptpaläste von Troia VI vermutet werden. Umso bedauerlicher ist es, dass sie spätestens bei den Planierungen für den Bau des Athenatempels abgetragen worden sind.

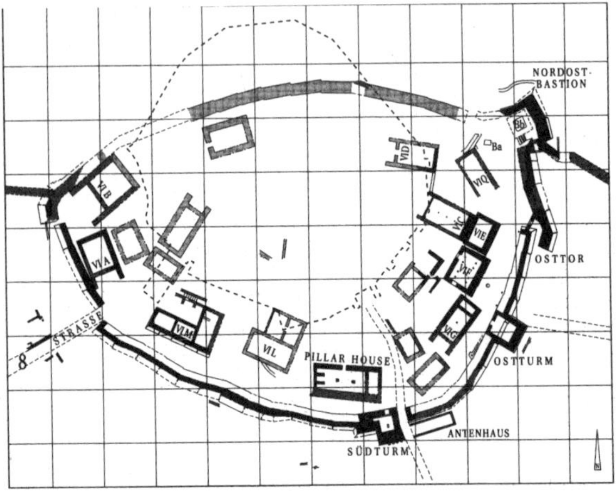

Grundriss der Burg von Troia VI mit dem so genannten »Pfeilerhaus« (Pillar House)

© Universität Tübingen, Troia-Projekt

Mancher, der sich auf dem rund 20000 Quadratmeter großen Areal zurechtzufinden versuchte, mochte sich fragen, wie denn eine Stadt solch geringen Ausmaßes so lange einer geballten Streitmacht von Achaiern standgehalten haben sollte – diese Frage stellte sich jedenfalls dann, wenn man, wie einst Schliemann, hierher gekommen war, um die Überlieferung der *Ilias* an Ort und Stelle zu verifizieren.

Heute, nach mehr als zwölf Jahren Grabungstätigkeit, sieht Hisarlik anders aus. Aber nicht nur das äußere Erscheinungsbild des Hügels hat sich verändert. Viel wichtiger ist die Tatsache, dass sich in den vergangenen Jahren unser Bild von der Feste an den Dardanellen in großen Teilen grundlegend geändert hat. Und zwar in einer derart umfassenden Weise, die vor Korfmanns Ankunft in der Troas so nicht denkbar gewesen war. Diese Feststellung gilt teilweise für alle hier nachgewiesenen Siedlungsschichten, insbesondere aber für Troia VI.

Der erste große Wendepunkt deutete sich bereits in der ersten Kampagne von 1988 an: Vor dem großen Südtor wurden Schichten angeschnitten, die eindeutig Spuren von Troia VI-Besiedlung enthielten. Ein klarer Hinweis auf eine Unterstadt vor den Mauern der Burg. Im Grunde führte Korfmann mit seinen Untersuchungen vor den Mauern des Burgbergs konsequent fort, was bereits Schliemann sich vorgenommen hatte – sein Tod hinderte ihn daran –, nämlich die Aufdeckung einer Unterstadt. Auch Wilhelm Dörpfeld hatte sich Gedanken über die Unterstadt gemacht und zwei Prähistoriker mit Sondagen beauftragt. Max Weigel fand 1893 unmittelbar südlich der griechisch-römischen Stadtmauer zwei Brandgräber der Periode »VI-Spät«. Sein Kollege Alfred Götze meinte ein Jahr später, »daß die Ausdehnung der mykenischen Stadt größer gewesen ist, als man bisher vermuthete«. Und der Archäologe Alfred Brückner kam zu dem Schluss, »dass die städtische Ansiedlung in der troischen Blütezeit der Ausdehnung der hellenistischen Stadt in der durch den Fundort angegebenen Richtung nichts nachgegeben hat«. Dörpfeld vermerkte, dass für die Untersuchung der Unterstadt »nur wenig Zeit« blieb und äußerte die Hoffnung, »dass bald ein größeres Stück der Unterstadt aufgedeckt werde«.

Die amerikanischen Ausgräber unter der Leitung von Carl William Blegen entdeckten dann rund 550 Meter südlich des Südtores einen Friedhof aus der Zeit von Troia VI, gingen aber nicht weiter der Frage nach, ob diese Nekropole vielleicht an der Grenze zur möglichen Unterstadt lag. Dabei waren die Archäologen von der Universität in Cincinnati unmittelbar vor der Festungsmauer auf das »Haus 661« gestoßen, und bevor im späten dreizehnten Jahrhundert vor Christus jemand durch das Südtor schritt, musste er am rechts davon gelegenen »Antenhaus« vorbeigehen. Zudem schrieb Blegen über Siedlungsreste im Bereich des Ostturms, »daß sich das Gebiet, das von den Einwohnern des Platzes gegen Ende von Troia VI besiedelt wurde, über die Grenzen der Festung hinaus erstreckte und [...] daß wenig Zweifel daran bestehen, daß eine extramurale Unterstadt unbekannter Größe wirklich existierte«.

Was Korfmann und sein Team dann in den folgenden Jahren von der Erde Troias befreiten, war nichts weniger als sensationell. Konterkariert wurde die Ansicht von Frank Kolb, der noch wenige Jahre zuvor geschrieben hatte: »Troja VI und VIIa, welche chronologisch für eine Gleichsetzung mit dem homerischen Troja in Frage kommen könnten, waren armselige kleine Siedlungen und können erst recht keinen Anspruch auf eine Benennung als Stadt erheben.« An vielen Stellen außerhalb der großen Befestigungsmauer wurden Troia VI-Spuren festgestellt. Es zeigte sich, dass die Unterstadt von Anfang an geplant war. Steinfundamente wurden entdeckt, die zu Gebäuden beachtlicher Größe gehören mussten. Trotz Steinpflasterung waren sie sicherlich nicht so eindrucksvoll wie diejenigen im Burginneren. Aber es mangelte offensichtlich nicht an »guter Bausubstanz« außerhalb des Mauerrings.

Im Bereich des Ostturms erkannte man, dass hier kontinuierlich Siedlungsrest auf Siedlungsrest liegt, insgesamt sechs oder sieben Bebauungsphasen. Dazu gehören auch die bereits von Dörpfeld und Blegen in dieser Zone festgestellten Reste der Haus-Generationen von Troia VIIa und VIIb1, die ohne Unterbrechung nach der Zerstörung von Troia VIh – vermutet wird ein Erdbeben – erbaut wurden. »Die materielle Kultur dieser Bauschichten«, schreibt Korfmann, »ist nicht zu trennen, ist identisch. Lediglich in der Kleinräumigkeit der Gebäude und deren Anordnung gibt es neue Aspekte. Die Unterschiede sind derart gering, daß man Troia VIIa, wie Dörpfeld es einmal bei einem Besuch der Cincinnati-Grabung vorgeschlagen haben soll, auch hätte Troia VIi nennen können«.

Schließlich gelang im Jahr 1994 den Ausgräbern in etwa vierhundert Metern Entfernung vom Südtor die Entdeckung einer Befestigungsanlage, die die Unterstadt umgab. Es war ein in den anstehenden Kalkstein U-förmig eingetiefter, etwa 3,20 Meter breiter Graben, der zuvor mit Hilfe der hier gezielt eingesetzten magnetischen Prospektion lokalisiert worden war. Die Verfolgung des weiteren Grabenverlaufes durch Ausgrabung und Rekonstruktion anhand der natürlichen Geländebeschaffenheit ergab schließlich eine Gesamtlänge von gut zwei Kilometern. Datiert wurde das Ende des Grabens in die ausgehende Troia VI-Zeit, in der er verfüllt wurde. Und ein Jahr später kam etwa hundert Meter weiter südlich ein weiterer Graben mit vergleichbaren Ausmaßen ans Tageslicht, der offenbar jünger war und in die Zeit von Troia VI/VIIa gehörte, wie das Fundmaterial lehrte.

Im selben Jahr entdeckten die Archäologen die zum ersten Graben gehörende Toranlage. Dazu hatten die einstigen Erbauer in zehn Meter Breite den Fels stehengelassen und somit einen Übergang geschaffen. Das zur Stadtseite hin etwa dreieinhalb Meter zurückversetzte Tor war zweiflügelig, hatte einen Zwischenraum von gut fünf Metern und war an den Seiten von einer wenige Meter langen Palisadenwand flankiert. Die Existenz zweier Grabenanlagen kann auf eine spätere Vergrößerung des Unterstadtgebiets hindeuten, am Vorabend des Untergangs von Troia VI.

Der Zweck der Anlage scheint klar: Sie war angelegt worden gegen Streitwagen, »jener neuen, wirkungsvollen Waffe des 2. Jahrtausends«, wie Korfmann schreibt. Mittels der

Troia VI. Zeichnerische Rekonstruktion, basierend auf den aktuellen Grabungsergebnissen. Blick nach Norden.

© Ch. Haußner, München

verschließbaren Toranlage »konnte man die Durchfahrt angreifender Streitwagen verhindern, wie überhaupt den Zugang zur Unterstadt und Burg von Troia/Ilios regeln«. Nach der jüngsten Angabe Korfmanns (Frühjahr 2000) kann man heute für die Unterstadt von Troia VI eine Fläche von gut 270000 Quadratmetern annehmen, also ein Vielfaches der ursprünglich freigelegten Fläche.

Ein Graben allein konnte jedoch keine ausreichende Sicherung für die Bewohner der Unterstadt sein, die in den äußeren Bereichen und besonders zu Beginn der Ansiedlung noch in Holzhäusern wohnten. Es musste eine Mauer gegeben haben. Sie noch im Gelände nachweisen zu können schien kaum möglich, im Bereich der Ruinen selbst fraglich. Denn die dazu verwendeten Steine waren verschwunden. Zu denken ist etwa an den Auf- und Ausbau der Stadt in hellenistischer und römischer Zeit, wofür eine beträchtliche Menge an Steinmaterial benötigt wurde. Somit ist nach Korfmann davon auszugehen, »daß alle nur irgendwie erreichbaren Steine der Unterstadtbebauung von Troia VI/VII [...] ausgegraben und wieder verbaut wurden«. Dies, so Korfmann weiter, sei umso wahrscheinlicher, »da man sehr häufig die Fundamente der verschiedenen römischen Bebauungsphasen bis auf den Felsen hinabgetieft hatte. Dabei wurden die jeweiligen Vorgängerbauten immer wieder geschnitten und ihrerseits als Steinbruch ausgebeutet.«

Trotz dieser unerfreulichen Situation konnte die Mauer schließlich doch nachgewiesen werden. Und zwar zunächst an der großen Nordostbastion, die auf einem stark vorragenden Sporn oberhalb der Ebene im Norden liegt. Dieser Bau hatte nicht nur offensichtlich eine Verteidigungsfunktion, sondern überdeckte auch noch eine Wasserader, weshalb im Inneren eine Zisterne angelegt war. Für Korfmann war die Auffindung der Unterstadtmauer von Troia VI/VII »das wichtigste Ergebnis der Troiakampagne von 1995«. »Die

Nordostbastion von Troia VI

Foto: © Hartmut Schickert

Mauer«, so Korfmann, »führte exakt in den Zwickel hinein, der östlich der östlichen Torwange der Bastion liegt […]. Die für Troia VI typischen Fundamente aus großen, oft an einer Seite leicht konisch zulaufenden Steine liegen vor. Die Fundamente sind von einem mächtigen Lehmziegelpaket überdeckt. Mehr noch als um eine Steinmauer handelt es sich demnach um eine Lehmziegelmauer.« Zudem konnten die

Ausgräber Teile eines weiteren Stadttores an dieser Stelle nachweisen. Die Bedeutung der Nordostbastion wird durch die Einmündung der Unterstadtbefestigung gerade an dieser Stelle nochmals unterstrichen. »Sie lag nicht nur an einem extrem steilen Aufstieg, sondern hatte auch nach Osten hin die Unterstadtmauer und den dahin führenden Aufweg (wahrscheinlich eine steile Treppe) flankiert.« Ein weiterer Aufweg aus dem Tal im Westen der Bastion dürfte ebenfalls auf das Burgplateau geführt haben, gleichfalls bewacht von der Bastion.

Ebenfalls von großer Bedeutung war die Lokalisierung eines Tores im Westen der Burgmauer. Dieses Tor VIU, am Ende einer breiten gepflasterten Straße, die westlich des großen Heiligtums aus hellenistisch-römischer Zeit freigelegt wurde, markierte den Eingang zur Burg von der Seeseite her, der als Hauptzugang nach Troia zu gelten hat. Es wurde am Ende von Troia VI oder zu Beginn von Troia VII verschlossen. »Das Tor VIU«, schreibt Korfmann, »ist mit 3,6 bis 4 m lichter Weite das größte Tor in der Troia VI-Burgmauer. Vor diesem Tor führte eine Straße nach Südwesten in die Skamanderebene. Burghügel und Unterstadtplateau fallen hier nur sanft ab und bieten so den bequemsten Aufweg aus der Ebene [...]. Gleichzeitig ist dies aber auch die gefährlichste Stelle«. Gefährlich deshalb, weil an dieser Stelle die Unterstadtmauer relativ nahe an die Burgmauer angrenzt, angreifende Feinde also sehr dicht an den Herrschaftsbezirk auf der Akropolis, also an die Schaltzentrale des Staatswesens herankommen konnten.

Mit der Entdeckung von Verteidigungsgraben und Stadtmauer konnte gleichsam der »Mauer«-Kreis mittels Rekonstruktion geschlossen werden. Die Verteidigungsmauer der Unterstadt, die teilweise oder ganz aus Stein und Lehm errichtet war, verlief nach Korfmann – unter Berücksichtigung des realen Geländeverlaufs – wohl »in etwa 90–120 m Entfernung von der Graben- und (Tor?-)Palisaden-Anlage«. Beide Verteidigungselemente, Graben und Mauer, sind in Troia zum ersten Mal überhaupt archäologisch für diese Stufe der Bronzezeit nachgewiesen. Diese Mauer war sicherlich ein höchst eindrucksvolles Monument in der Landschaft. Nach deren Verfall störten die Reste schließlich, als die Besiedlung Troias/Ilions neu geplant wurde. Dies war laut Korfmann der Fall »zu Beginn der hellenistischen Zeit innerhalb der Epoche, die man unter die Überschrift stellen kann: *Der Mythos von Troia wird gepflegt* (Troia VIII und Troia IX)«.

Die Stadt Troia gehörte nicht zum griechischen Kulturkreis, sondern war nach Anatolien hin orientiert

Troia, das hatten die neuen Ausgrabungen unter Manfred Korfmann bald gezeigt, war nicht mehr das, was es seit dem Ende der amerikanischen Untersuchungen über Jahrzehnte hin gewesen war. Eine neue Bewertung auf Grund der gewonnenen Einsichten wurde notwendig. Und dass diese neue und unbefangene, aber konsequent richtige Sicht der Dinge möglich wurde, ist – es muss so absolut formuliert werden – den Arbeiten Korfmanns und seines Teams zu verdanken. So mögen auch die oben zur Sprache gekommenen Fortschritte in der Homerforschung und der Altorientalistik beziehungsweise der Hethitologie zu einem guten Teil auf Grund der Ergebnisse der neuen Ausgrabungen in Troia ihren entscheidenden Antrieb erhalten haben.

Eine grundlegend veränderte Sicht der Dinge zum Thema Troia läutete Korfmanns wohlbegründetes und mittlerweile anerkanntes Diktum ein, wonach Troia auf Grund der Baubefunde und der Funde selbst nicht länger als »griechisch«

oder »griechisch dominiert« bezeichnet werden kann; eine Feststellung, die von der Logik her eigentlich nicht sonderlich neu anmuten müsste, wäre da nicht die von Homer begründete und von den Griechenbegeisterten bis in neuere Zeit willig aufgenommene »graecozentrierte« Sicht der Feste am Hellespont und der damit zusammenhängenden Aspekte. Noch Blegen hielt die Bewohner von Troia VI für Griechen, für »die ersten, die in Kleinasien Fuß gefaßt haben«. Troia aber war nach den Erkenntnissen Korfmanns »eine kulturell vornehmlich nach Anatolien hin orientierte Stadt«. Es fügt sich nahtlos ein in die Reihe der alten vorderasiatischen Residenz- und Handelsstädte.

Die Argumente, die er für diese Ansicht anführt, sind folgende: Die Kombination aus Burg und dicht besiedelter und ummauerter Unterstadt sind fremd in der Ägäis und in Griechenland, passt aber genau in das Städtebild des Alten Orients und Anatoliens. Die Architektur von Troia VI mit der Verwendung von geböschten Haus- und Festungsmauern und den Aufbauten aus Lehmziegeln orientiert sich an Anatolien und nicht an Griechenland. Die in Troia gefundene Keramik hat einen eindeutig anatolischen Hintergrund. Man muss nach Korfmann »schon sehr voreingenommen sein, um Tonnen an Keramik dieser Art, der so genannten anatolischen Grauware [es handelt sich hierbei um die ehemals grauminyische Ware; M. S.] derart wenig Gewicht – im doppelten Sinne des Wortes – zuzumessen und wenigen mykenischen Scherben derart viel«. Der Bezug zu Anatolien ist auch fassbar in den Befunden des Friedhofs von Troia – soweit er bisher bekannt ist – und demjenigen an der Besik-Bucht. Gemeint sind die Errichtung von Grabhäusern, die Verwendung von großen Vorratsgefäßen, den Pithoi, als Grabgefäßen und insbesondere die Sitte der Verbrennung der Toten. Zudem waren die Bewohner Troias noch um 1200 v. Chr. vertraut mit orientalischen Göttern, wie der Fund einer kleinen Bronzefigur belegt, die eine solche Gottheit darstellt; gerade die kultisch-religiösen Bräuche ändern sich im Gegensatz zu waffentechnischen Neuerungen nur sehr langsam. Die oben bereits geschilderten Verbindungen zwischen Troia und den Hethitern beziehungsweise zu den eigenen Nachbarn tragen das ihrige zu diesen Schlussfolgerungen bei.

Aber es gibt noch weitere Hinweise auf eine anatolische Ausrichtung von Troia, die ebenfalls im religiösen Bereich zu finden sind. Jeder, der in der späten Bronzezeit durch das Südtor in Richtung Akropolis ging, sah links am Fuß des Torturmes vier nebeneinander aufgestellte, in jeweils einen Steinblock eingelassene rechteckige Steine, die annähernd Pfeilerform hatten und nur leicht unterlebensgroß waren. Sie stehen heute noch dort. Bisher haben die Ausgräber an den Toren Troias dreizehn solcher Stelen entdeckt. Einige haben oben kleine, napfartige Eintiefungen, andere tragen solche Markierungen in der Senkrechten. Dass diese pfeilerartigen Steine eine bestimmte Bedeutung hatten, wird schon durch den Ort ihrer Aufstellung deutlich. So sind Pfeiler- und Steinkulte in dieser Zeit im gesamten Orient üblich, in auffallender Weise aber besonders während der hethitischen Epoche und danach. In Hattusa, so hat der dortige Ausgräber Peter Neve festgestellt, findet man diese Steine zum einen an Bestattungsplätzen, zum anderen »an oder in der Nähe von Stadttoren«. Sie könnten »mit Kulten in Verbindung stehen, die den Schutzgöttern der Tore [...] und vielleicht im weiteren Sinne auch den Schutzgöttern der Stadt bestimmt waren«.

Mit guten Gründen geht Korfmann davon aus, dass die Torstelen in Troia mit dem Apollonkult zusammenhängen könnten. Dieser griechische Gott war vom Inneren Kleinasiens, aus Hethiterland nach Westen gekommen. Als Torhüter war er dort für die Abwehr von Übeln zuständig gewesen, eine Funktion, die von den Griechen mit dem Beinamen »Agyieus« charakterisiert wurde und den anikonischen Apollon meinte. Und Apollon ist bei Homer der wichtigste Schutzgott Troias: Er hatte die Mauern von Ilios mit erbaut, besaß dort einen Tempel, und er verteidigt auch in der *Ilias* das Haupttor. Darüber hinaus dürfte der Gott identisch sein mit dem Apulunas/Apaliunas von Hattusa, der auch einer der Hauptgötter von Wilusa war. Im oben erwähnten Vertrag des Großkönigs mit Alaksandu von Wilusa wird gerade eben Apaliunas als Zeuge des Vertrags genannt. Es war üblich, Verträge unter der Fürsorge der Götter zu schließen; so füllen allein die Namen der hethitischen Gottheiten in diesem Vertrag 26 Zeilen.

Eine andere Gottheit, die neben Apaliunas und dem Wettergott der Armee auf der Seite von Wilusa den Vertrag mit dem Hethiterkönig beglaubigen sollte, wird mit den Wortzeichen KASKAL.KUR bezeichnet. Die Kombination bedeutet wörtlich »Weg (KASKAL) in der Unterwelt (KUR)«. »Auf diese Weise«, schrieb Korfmann im Sommer 2000, »wurden im Boden von Karstgebieten verschwindende und wieder hervortretende Wasserläufe bezeichnet, doch verwendeten die Hethiter einen solchen Begriff auch für künstlich angelegte, wasserführende Stollen«. Interessant in diesem Zusammenhang ist die Entdeckung einer Quellhöhle in Troia, die sich etwa 200 Meter südlich der Burgmauer befindet, im Gebiet der Unterstadt. Von diesem Tunnelsystem – eine dreizehn Meter lange Aushöhlung mit drei angrenzenden Stollen – hatte bereits Schliemann berichtet, jedoch war es im letzten Jahrhundert wieder verschüttet worden. Korfmann stellte fest, dass aus dem 1997 wiederentdeckten Tunnelsystem Ende August, nach drei Monaten ohne Regen, noch dreißig Liter Wasser pro Stunde aus dem Hauptarm flossen. Viel mehr wird fließen, wenn das gesamte komplizierte System freigelegt sein wird, das mittlerweile mindestens auf einer

Tunnelstrecke von 150 Metern in den Berg geschlagen ist (mündliche Mitteilung von Manfred Korfmann).

Wenn laut Korfmann also »das Wilusa des genannten Vertrages mit Troia VI oder VIIa identisch ist, erscheint es naheliegend, den göttlichen KASKAL.KUR mit jener Quellhöhle in Verbindung zu bringen – sofern die Anlage im 2. vorchristlichen Jahrtausend schon existiert hat«. Der Beweis dafür ist erbracht. Es gelang, die »radioaktive Uhr« des Kalksteins an den Höhlenwänden abzulesen. Laut der Ergebnisse der Wissenschaftler von der Forschungsstelle Radiometrie der Heidelberger Akademie der Wissenschaften wurde das Stollensystem der Quellhöhle bereits am Anfang des dritten Jahrtausends vor Christus angelegt, also zur Zeit der so genannten Maritimen Troia-Kultur oder anders: Troia I bis Troia III. »Für die Troianer der uns interessierenden Zeit«, so Korfmann, »war die Anlage demnach schon ein Relikt der Vergangenheit, um dessen Entstehung sich vielleicht Mythen rankten. In der Vorstellung der Bewohner Anatoliens war es gewiss nicht abwegig, mit ihr eine Gottheit samt Kultplatz zu verbinden« – eben mit dem KASKAL.KUR des Alaksandu-Vertrages.

Mit Blick auf die topographischen Angaben in der *Ilias* ist die Feststellung bemerkenswert, dass die Archäologen vor dem Eingang des Stollens »mehrere Wasserbecken aus römischer Zeit und vier kreisförmig in den Fels geschlagene Mulden, samt Verbindungsrinnen« fanden. Hier drängt sich nach den Worten Korfmanns das Bild des Waschplatzes der troischen Frauen auf, das Homer beim Zweikampf zwischen Achilleus und Hektor beschreibt: »Also flog er begierig heran, und es flüchtete Hektor / Unter der Mauer der Troer und regte die hurtigen Kniee. / Und an der windbewegten Feige vorbei und der Warte / Jagten sie immer seitab von der Mauer dahin auf dem Fahrweg, / Und sie erreichten die beiden schön hin fließenden Brunnen, / Wo die Quellen entspringen des wirbelreichen Skamandros. / […] / Dort bei ihnen sind auch die breiten Becken zum Waschen / Nahe, die schönen, steinernen, wo ihre schimmernden Kleider / Pflegten zu waschen die Frauen der Troer und lieblichen Töchter / Früher im Frieden, bevor die Söhne Achaias gekommen. / Dort lief vorne der Flüchtende, hinter ihm der Verfolger« (XXII,143–148.153–157).

Immer wieder erstaunt die Genauigkeit, mit der Homer die Landschaft und Troia in seiner *Ilias* beschrieben hat. Mit jedem Jahr, das Korfmann in Troia gräbt, verdichten sich die Anhaltspunkte, die diese genaue Ortskenntnis belegen. Dabei ist natürlich zu berücksichtigen, dass Homer oder seine Informanten im achten Jahrhundert vor Christus in ihrer Darstellung der Geschehnisse vor den Mauern der seit Jahrhunderten verfallenen Stadt auf die sichtbaren Reste dieses Geländemonuments zurückgreifen konnten und dies auch taten, da man Ortskundige ja nicht irritieren wollte und das auch nicht brauchte. Gerne würde man auch genauer wissen, ob, und wenn: welche Beschreibungen Homers bereits Erbe aus mykenischer Zeit waren. Mögliche Anhaltspunkte für solche alten Überlieferungen gibt es immerhin. Hier darf man auf die künftigen Forschungen gespannt sein.

Eines aber konnte Korfmann mit den neuen Ausgrabungen bereits nachweisen, nämlich dass Homer alles andere als ein Märchenerzähler war. In einem Beitrag setzte er sich vor wenigen Jahren mit den Argumenten des Prähistorikers Rolf Hachmann auseinander, der 1964 in einem Aufsatz gewichtige Argumente gegen Hisarlik als Ort von Homers Troia und überhaupt gegen die Möglichkeit der Historizität des im Epos beschriebenen Troianischen Krieges vorbrachte. Der eigentliche Adressat von Hachmanns Ausführungen war Carl William Blegen, dessen Troia-Publikationen erst Ende der fünfziger Jahre erschienen waren. Außer den bereits oben erwähnten Fakten, die eine Identifizierung von Troia auf Hisarlik zweifelsfrei bestätigen, seien noch genannt: Für Troia VIIa ist ein verlorener Krieg nachgewiesen; wer der siegreiche Gegner war, ist unbekannt. Mittlerweile gibt es mehr als nur eine mykenisch anmutende Pfeilspitze aus der Erde Troias sowie andere Waffen- und Fernwaffenfunde. Troia war der Hauptort der Troas. Hisarlik bietet aus heutiger Sicht entschieden das Bild eines befestigten Königssitzes mit herrschaftlichen Gebäuden in einer stadtüberragenden Akropolis.

Der Argumente wären noch mehr zu nennen. Aber es genügt die Feststellung, dass Hachmanns Aufsatz heute zur Wissenschaftsgeschichte gezählt werden darf. Mit den jetzt bekannten Tatsachen sind zudem diejenigen, die einen historischen Hintergrund oder einen wie auch immer gearteten historischen Kern hinter dem Troianischen Krieg, den die *Ilias* meint, ablehnen und die Gleichsetzung des homerischen Troia mit den Ruinen auf Hisarlik verneinen, klar ins Hintertreffen geraten. Ja, im Grunde müssen sie nun Beweise für ihre Ablehnung ins Feld führen. Auf dieses Problem, das alle bewegt, die sich mit Homer und Troia beschäftigt haben und sich noch beschäftigen, wird unten nochmals zurückzukommen sein.

Die Grundlagen der Macht von Troia in der späten Bronzezeit

Mit guten Gründen ist zu fragen, wie es den Herren von Troia gelingen konnte, hier am äußersten Westrand des hethitischen Reiches und in einer gewissen Abhängigkeit zu Hattusa, jedenfalls aber eingebunden in die damaligen politischen, militärischen und ökonomischen Systeme Anatoliens, eine so große Bedeutung in der damaligen Welt zu spielen. Die Befunde jedenfalls spiegeln deutlich Macht, eine blühende Wirtschaft, weitgespannte Handelsbeziehungen, effiziente Verwaltung und zentrale Lenkung der Geschicke des Staatswesens. Mit Sicherheit hat diesen Erfolg die einzigartige Lage an einem Knotenpunkt zwischen Europa und Asien befördert, an einer Stelle, wo sich festländische Handelswege von Ost nach West trafen, wo auf dem Wasserwege jeder Austausch zwischen Nord und Süd möglich war.

Korfmann hat auf diese Frage eine Antwort versucht, die sehr viel für sich hat. Sein Leitmotiv dabei sind die in der *Ilias* erwähnten Verbündeten der Troianer, wobei er betont, dass seine Argumentationslinie sowohl für das Jahrhundert Homers gelten kann wie auch für das dreizehnte Jahrhundert vor Christus: »In beiden Jahrhunderten wurde intensiv Handel getrieben.« Mit Blick auf Zeit und Menge war der Transport von Waren und Menschen auf Schiffen sicherlich am wirtschaftlichsten und relativ sicher. Schiffsbau forderte aber hohe Investitionen, die nur im Schatten von Mächtigen sinnvoll und möglich waren. Und solche Herrscher auch waren es, die in ihrem Machtbereich Schifffahrt zuließen oder sie unterbanden. Absolut unabhängige Händler zu Schiff scheinen Korfmann nicht vorstellbar: »Gewohnheitsrecht bzw. freundschaftliche vertragliche Regelungen sind für diese Art Handel, will er prosperieren und nicht in Seeräuberei umschlagen, die Voraussetzung.«

Aus den Schriftquellen wissen wir, dass im Verlauf des zweiten Jahrtausends vor Christus das östliche Mittelmeer und Anatolien immer stärker ins Blickfeld des Zweistromlandes und Syriens rückte. Die Bedeutung der Hafenstadt Ugarit wuchs und Assyriens Handelsniederlassungen im fernen Ausland zeigen in ihrer kettenartigen Reihung, dass hier ein konkretes Interesse an Zentralanatolien, aber auch am Schwarzen Meer bestand. Korfmann nimmt nun an, dass die Herren von Troia um 1700 v. Chr. in das Schwarzmeergeschäft einstiegen, zu einem Zeitpunkt, als der assyrische Handel über Land endete, und die Hethiter sich aus geopolitischen Gründen daran nicht mehr beteiligten.

Es ist bekannt, dass damals die Händler und ihre Begleiter oft auch Militärs und Diplomaten waren. Und unter der begründeten Annahme, dass Troia mit seinen Haupthandelspartnern zur See verbündet war, wird klar, »daß es vorrangig die Hafenstädte und die umliegenden Völkerschaften der Ostägäis, der Marmararegion, des südlichen Schwarzmeerraumes und des nördlichen Ägäisufers waren, die an der Sicherheit und Weiterexistenz des Umschlagplatzes Troia/Wilusa interessiert gewesen sein müssen«. Und gerade die Vertreter und Abgesandten solcher Hafenstädte sind es, die sich in Homers *Ilias* an der Seite der Troianer am Krieg gegen die Achaier beteiligten. Es sind diejenigen, die eben nicht zum mykenischen Bund von Stadtstaaten gehörten und auch nicht zum unmittelbaren Reichsgebiet der Hethiter – »eben die Randvölker an den drei Meeren, die von der Natur vorgegebenen Zulieferer für den Hafenplatz Troia«. Auch private Kontakte, durch Heirat etwa, mögen die Verbundenheit zwischen Troianern und »Ausländern« unterstrichen haben. Neben den Verbündeten aus der Troas wie Aeneas oder Archelaos gehörten dazu aus Europa etwa die Thraker, aus dem Schwarzmeergebiet beispielsweise die Paphlagonier, aus Anatolien die Mysier und Phrygier und aus dem Mittelmeergebiet die Karer und die Lykier.

Für Korfmann ist es klar, in welchen Gebieten die Handelsinteressen von Ilios/Wilusa lagen: Aus dem Kaukasus und aus Nordanatolien bezog man Gold, Silber und Kupfer; Pferde kamen von der anatolischen Hochebene und aus dem Pontusgebiet sowie den Steppenregionen, Bernstein stammte von der Ostsee und das für die Bronzeherstellung so wichtige Zinn kam gar aus Zentralasien. Aus dem Gebiet der Hethiter erreichte Troia jenes Metall, das im dreizehnten Jahrhundert vor Christus noch sehr kostbar war: das Eisen.

Auch diese einleuchtende Erklärung für die Prosperität Troias und die historisch-kulturelle Definition seiner Verbündeten ist ein Hinweis darauf, dass Homer kein Märchenerzähler war und dass er vor allem alles andere war als ein Dichter mit beschränktem geographischem Horizont, wie noch vor wenigen Jahren behauptet wurde.

Die Frage nach der Historizität des bei Homer überlieferten Troianischen Krieges – Möglichkeiten und Grenzen

»Die Leute werden nicht aussterben, welche den Todeslauf Hektors auf der Karte einzeichnen, und auch die, welche den Glauben an Hissarlik bewahren, unbeirrt um das Höhenprofil des Geländes. Darüber ereifert man sich nicht, man nimmt es aber auch nicht ernst.« Mit diesem Satz des Altphilologen Ulrich von Wilamowitz-Moellendorf aus dem Jahr 1906 sprach ein berühmter und anerkannter Vertreter der deutschen Professorenschaft ein vernichtendes Urteil über das wissenschaftliche Lebenswerk Heinrich Schliemanns. Der Satz musste aber auch Schliemanns Nachfolger Dörpfeld treffen, der die Arbeiten seines väterlichen Freundes weitergeführt und 1894 abgeschlossen hatte. Schließlich war er davon überzeugt, in Troia VI die von Homer besungene Stadt des Priamos gefunden zu haben – im Gegensatz zu Schliemann, der bis zur Kampagne von 1890 davon überzeugt war, dass die »verbrannte Stadt«, also Troia II, das gesuchte Troia des Epos gewesen sei.

Blegen kam dann zu dem Schluss, dass Troia VI durch ein Erdbeben zerstört wurde und deshalb Troia VIIa die gesuchte Stadt sein musste. Die kleinteilige Bebauung im Inneren des Mauerrings und die zahlreichen im Boden eingetieften Vorratsgefäße schienen im Übrigen auf eine Belagerung von Troia VIIa hinzudeuten. So kam Blegen zu dem Schluss: »Angesichts unseres heutigen Wissens kann man nicht länger daran zweifeln, daß tatsächlich ein historischer Troianischer Krieg stattgefunden hat, in dem eine Koalition von Achaiern oder Mykenern unter der anerkannten Oberherrschaft eines Königs gegen das troianische Volk und seine Verbündeten kämpfte.«

In fast schon unstatthaft unkritischer Sicht der früheren Quellenlage sah Kitto in seinem 1957 erschienenen Buch *Die Griechen. Von der Wirklichkeit eines geschichtlichen Vorbilds* die Situation geklärt: »Von den neun übereinandergeschichteten Städten jener Ausgrabung ist Troja VI durch Feuer zerstört worden, und zwar eben zu der von der Überlieferung angegebenen Zeit des trojanischen Krieges (1194–1184).« Wer an die Historizität des bei Homer überlieferten Krieges glaubte, der hatte also eigentlich nur noch einen Punkt zu klären, nämlich ob Dörpfeld oder Blegen das »richtige« Troia bestimmt hatten. Aber so einfach war und ist die Angelegenheit wahrhaftig keineswegs.

Die oben genannten Positionen zu der Frage repräsentieren die Pole der gegenteiligen Ansichten zu diesem Problem. Gegenüber der positivistischen Sicht der homerischen Überlieferung meldete schon recht früh eine große Anzahl bedeutender Wissenschaftler Widerspruch an, trugen Archäologen, Altphilologen und Althistoriker Zweifel an der Identifizierung Troias und einer Historizität des Krieges vor. Diese Debatte um Dichtung und Wahrheit in den homerischen Epen hatte im Grunde schon in der Antike begonnen. Aber richtig in Schwung kam sie erst mit Schliemanns Ausgrabungen auf Hisarlik.

Neben dem Althistoriker Franz Hampl, der sich in seinem luziden Beitrag »Die Ilias ist kein Geschichtsbuch« gegen einen historischen Hintergrund in Homers *Ilias* aussprach, gehörte auch sein Kollege Moses I. Finley zu den Gegnern der Positivisten. Er, dem wir mit der Schrift *Die Welt des Odysseus* eine der wichtigsten und anregendsten Untersuchungen zur homerischen Problematik verdanken, schlug deshalb vor, »Homers Troianischen Krieg aus der Geschichte der griechischen Bronzezeit zu verbannen«. Der Streit kann heute nicht mehr darum gehen, ob auf Hisarlik überhaupt das Troia der homerischen Epen stand. Hier hat die Wissenschaft Klarheit geschaffen: Zwar wurde kein Ortsschild mit der Aufschrift »Troia« gefunden oder ein Wegweiser mit dem Hinweis, dass die Entfernung nach Troia noch soundsoviel Fuß betrage, aber die Identifizierung ist mit Hilfe von eindeutigen Quellen gelungen, wie oben dargelegt werden konnte.

Die Gruppe der Positivisten ist jedoch in den letzten Jahren ständig gewachsen, und unter ihnen findet man Wissenschaftler von hohem Rang wie etwa Wolfgang Schadewaldt, Uvo Hölscher, Roland Hampe, Fritz Schachermeyr, Joachim Latacz oder auch Kurt Bittel, der Manfred Korfmann nach eigenen Worten noch 1988 »sehr klar und deutlich sagte, daß er immer an eine Historizität des ›Troianischen Krieges‹ geglaubt habe, an einen ›historischen Kern‹« der *Ilias*: »So etwas kann man nicht erfinden.« Sicher: Diese Sicht der Dinge bleibt weiterhin eine »Glaubenssache«, der eindeutige Beweis fehlt bislang. Aber die Erkenntnisse zu diesem Thema sind seitens verschiedener Sparten der Altertumswissenschaften derart vermehrt worden, dass man mit gutem Grund weiter danach suchen und forschen kann – zumindest ist die Wahrscheinlichkeit eines historischen Hintergrundes für die Kulisse der *Ilias* sehr hoch und wächst noch weiter.

Eine Bilanz des Status Quo hat einer der besten Kenner dieser Diskussion, Joachim Latacz, in einem grundlegenden Beitrag der *Grazer Morgenländischen Studien* gezogen. Fest steht demnach, dass ein Troianischer Krieg, wie wir ihn aus den in der *Ilias* verstreuten Informationen rekonstruieren können, nur in der Blütezeit der mykenischen Epoche stattgefunden haben kann – das ist die eindeutige Botschaft der diesbezüglichen Erkenntnisse der Archäologie und der zur Verfügung stehenden Schriftquellen. Die fortdauernde und in Hexameter-Versen festgehaltene Erinnerung an diese Geschichte während der etwa 450 bis 350 Jahre bis zu Homer – also die von vielen für unmöglich erachtete Tradierung durch die »dunklen Jahrhunderte« hindurch – war gewährleistet durch die mündliche Überlieferung in den Vorträgen der Aoidoi, der Sänger an den Adelshöfen. Lange Zeit war man zwar davon ausgegangen, dass mit dem Untergang der mykenischen Palastkultur um 1200 v. Chr. auch das Publikum beziehungsweise die Förderer des Heldensangs aus der Welt verschwunden seien. Aber die archäologischen Forschungen haben mittlerweile gezeigt, dass dies keinesfalls so war.

Im Anschluss an den Untergang etablierte sich nochmals während rund 150 Jahren eine spätmykenische Epoche mit Kleinstaaten ohne Paläste und ohne Schriftlichkeit in einzelnen Gegenden von Griechenland, deren höfischer Lebensstil in einer von Frieden und wirtschaftlicher Prosperität gekennzeichneten Periode einen Rückgriff auf die Palastzeit signalisiert. Die früheren Vorstellungen von einem völligen Bruch zwischen der späten Bronzezeit und der frühen Eisenzeit, der so genannten geometrischen Epoche Griechenlands, ist somit nicht länger haltbar. Sigrid Deger-Jalkotzy hat darauf hingewiesen, dass in diese Nachblüte riesige Kratere (Mischgefäße) gehören, die, »zusammen mit einem reichen Sortiment an Trinkgeschirr, auf rege Gastlichkeit und [...] Gefolgschaftsgelage schließen lassen: Jedenfalls tragen viele von ihnen Figuraldekor mit Darstellungen von Streitwagenfahrt, Kampf, Jagd, Tanz, Schiffahrt, die m. E. die Hauptbeschäftigungen, aber auch die vom kriegerischen Hintergrund der Periode [...] geprägten Ideale der höfischen Gesellschaft des Mittleren SH III C [die späthelladisch genannte Zeitstufe III C dauerte von etwa 1200–1050 v. Chr.; M. S.] spiegeln. Manche Vasenbilder wirken wie eine Vorwegnahme homerischer Szenen. Sie wurden vielleicht tatsächlich durch epische Dichtung angeregt, da sich Kithara- und Phorminxspieler im Repertoire dieser Darstellungen finden [...]. All dies läßt annehmen, daß der illiteraten mykenischen Zeit ohne Paläste und besonders den Fürstenhöfen des Mittleren SH III C eine bedeutsame Rolle für die Entwicklung des frühgriechischen Epos zukam.«

Der Kern der Troiageschichte samt dem dazu gehörenden Krieg ist nach Latacz auf Grund der sprachwissenschaftlichen Fakten »nicht vor 1450 und nicht später als im 11. Jh. erdacht worden«. Und zwar aller Wahrscheinlichkeit nach noch vor der Auswanderung der Griechen nach Kleinasien und den vorgelagerten Inseln der nördlichen Ägäis. Diese Geschichte, so Latacz, »deren geographisch-machtpolitischen Ausgangspunkt die *Peloponnes* und speziell die Dynastie von *Mykene* (mit ihrem Ableger in Sparta) darstellt, wird [...] am ehesten im Umkreis der Palasthofhaltung von Mykene erdacht worden sein«. Und weiter: »Die romantische Vorstellung, derzufolge die Angehörigen der Dynastie von Mykene sich als eine Art Märchenkönige von Märchenerzählern mit Phantasiegeschichten über ein fernes Märchenland *Wilios* hätten unterhalten lassen, kann angesichts der oben referierten neueren Erkenntnisse über die in ägyptischen und hethitischen Schriftquellen dokumentierte Eingebundenheit sowohl Mykenes als auch Wilusas in das Kräftespiel innerhalb des politisch-diplomatischen mediterranen Netzwerks der Spätbronzezeit zu den Akten gelegt werden.«

Latacz folgert, dass die Frage, ob die Geschichte von einem achaiisch-troischen Krieg um Troia etwas Historisches aufgegriffen haben kann, »mit einem entschiedenen Ja zu beantworten« ist. Er hält ein historisches Substrat in der *Ilias* für »eher wahrscheinlich als unwahrscheinlich«. Der Beweis des historischen Kerns ist weiterhin nicht möglich. Und dass dieser gar aus dem Epos heraus allein geführt werden könne, hält Latacz ebenfalls für unmöglich. Denn: die *Ilias* ist eine Dichtung des achten Jahrhunderts, deren Troiarahmen nur Kulisse für das eigentliche Erzählziel ist. Homer hatte kein Interesse, diesen Rahmen zu verändern, aber er beschäftigte sich auch nicht mit der Frage nach der Historizität des inszenierten Geschehens.

Sollte jedoch, schließt Latacz seinen Beitrag, »die neue Troia-Forschung, angestoßen durch die Grabung unter Manfred Korfmann, unabhängig von unserer ›Ilias‹ irgendwann doch noch den Beweis für eine wie immer geartete Historizität einer bewaffneten Auseinandersetzung zwischen mykenischen Griechen und Troianern erbringen, dann gilt nach meinem Urteil: Homer steht nicht im Wege«.

Können die Ruinen von Troia etwas zur Antwort auf die Frage nach der Historizität eines mykenisch-troianischen Kriegs beitragen?

Richtet man den Blick in dieser Frage auf die Ruinen von Hisarlik, so gibt es trotz aller hinreichend in der Forschung beschriebenen Schwierigkeiten mögliche Ansatzpunkte für eine mykenezeitliche historische Auseinandersetzung um die Festung an den Dardanellen – auch wenn das Echo davon im Epos noch so leise, das Körnchen Wahrheit darin noch so klein ist. Immerhin hat die Chronologie der ägäischen Bronzezeit für Hisarlik zwei Zerstörungen ergeben, die um 1300/1250 v. Chr. und um etwa 1200 v. Chr. zu datieren sind. Sie bezeichnen das gewaltsame Ende von Troia VI und VIIa. Während für den Untergang von Troia VIIa allgemein ein verlorener Krieg als Ursache angenommen wird, hat Blegen – entgegen der Annahme Dörpfelds – für das Ende von Troia VI ein Erdbeben als Grund der Zerstörung angenommen. Hier ist aber das letzte Wort noch nicht gesprochen, da die Befunde auch anders gelesen werden können.

Für Blegen stand fest, dass nach dem verheerenden Erdbeben sogleich der Wiederaufbau der Stadt begann, also

Troia VIIa. Die Akropolis erstand zwar nicht mehr so prächtig aus dem Schutt, und die Bevölkerung suchte nun auf engstem Raum im Inneren der Burg Schutz, der ihr vor den Toren offensichtlich nicht mehr gewährt werden konnte, aber das Leben ging zunächst weiter. Und auf Grund der exponierten Lage als Grenzposten und Mittler zwischen Asien und Europa, zwischen dem Ägäischen und dem Schwarzen Meer, war Troia weiterhin von Aggressoren bedroht. Allein für Troia I bis VI sind mindestens fünfzehn »Bauphasen« zu unterscheiden, das heißt grundlegende Erneuerungen an den Verteidigungsanlagen. Im Durchschnitt wurden die Mauern also alle hundert oder hundertfünfzig Jahre verändert.

Die Erdbebenthese für Troia VIh hat sich bis heute durchgesetzt, basierend auf Befunden an einzelnen Stellen und dem Fehlen beinahe jeglicher Hinweise auf Waffen und Kampfspuren. Für das gesamte zweite Jahrtausend vor Christus fanden die amerikanischen Ausgräber lediglich fünf bronzene Pfeilspitzen, alle aus Troia VI-Spät oder VIIa. Aus den Grabungen von Schliemann und Dörpfeld sind auch nicht mehr als weitere vier bronzene Pfeilspitzen für die Periode Troia VI belegt; eine wurde in der Südostgasse von Troia VIIa gefunden.

Trotz dieser spärlichen Hinweise auf kriegerische Zwischenfälle in und vor Troia gibt es seit einiger Zeit doch auch Überlegungen, dass Troia VI nicht unbedingt durch eine Naturkatastrophe zerstört wurde, sondern dass durchaus auch wieder an eine kriegerische Eroberung gedacht werden kann. Dann aber stellt sich die Frage, warum Waffen, Kampfspuren und Tote fehlen. Eine mögliche Erklärung dafür könnte in der Existenz der Befestigungsmauer in der Unterstadt liegen.

Eine solche Befestigungsmauer impliziert im Grunde die Anwendung von Fernwaffen, das heißt von Bogen und

Schleuder. Außer den Pfeilspitzen ist auch die Schleuderwaffe in Troia belegt, wenngleich nur an einer Stelle: in dem direkt links hinter dem Südtor gelegenen »Pfeilerhaus«. Der 26 Meter lange und 12 Meter breite Bau wurde in der späten Troia VI-Phase erbaut und genutzt. Im Westteil des Gebäudes, nahe einer Herdstelle auf einem Podest aus Steinplatten, wurden fünfzehn bikonische Schleudergeschosse entdeckt; zwei weitere fand man an anderer Stelle. Bereits Blegen vermutete in dem architektonisch auffälligen Gebäude eine militärische Funktion.

Gerade in Krisensituationen und in kriegerischen Auseinandersetzungen hielt man Schleudergeschosse in großer Menge bereit. Aus dem prähistorischen Südwestasien und aus Südosteuropa sind solche Lager im Zusammenhang mit Herdstellen vielfach bekannt. Die Nähe zum Feuer ist sinnvoll, denn je trockener die Tonmunition gehalten wurde, desto effizienter war sie beim Aufprall. Eine Geschossansammlung wie im »Pfeilerhaus« neben dem Haupttor deutet auf Grund ihrer Wertlosigkeit in Friedenszeiten auf ein kriegerisches Ereignis hin. Hier, an einem wichtigen Verkehrsweg in das Regierungsviertel, wurden der Nachschub für die Schleuderer gelagert und neue Geschosse hergestellt.

Vielleicht, so schreibt Korfmann, »werden sie eines Tages mit anderen Argumenten als ein Beleg dafür herangezogen werden, daß dieser Krieg von den Troianern verloren worden ist. Denn es verwundert, daß dieser Geschoßhaufen, der in solch einem Gebäude gestört haben dürfte, einfach liegenblieb. Ein von außen eindringender Sieger hatte gewiß kein Interesse an diesem für ihn wertlosen Haufen gehabt. Siegreiche Verteidiger hätten ihn wohl beseitigt.«

Auch der Bogen war im bronzezeitlichen Troia bekannt. Der älteste Nachweis für diese Waffe auf Hisarlik ist eine Steinpfeilspitze, die der Schicht Troia Va zugewiesen werden kann, also um 2000 v. Chr. zu datieren ist. Erinnert sei auch an die zahlreichen Darstellungen von Bogenschützen und Schleuderern der mykenischen Schachtgräberzeit im zweiten vorchristlichen Jahrtausend oder an die hethitischen Bogenschützen. Das Relief eines Silberrhytons aus dem Schachtgrab IV in Mykene, entstanden im sechzehnten Jahrhundert vor Christus, zeigt eine befestigte Stadt, aus der Bogenschützen und Schleuderer einen Ausfall versuchen.

Warum, so ist zu fragen, gibt es von Pfeil und Bogen ausgerechnet in Troia so wenig Spuren? Dazu hat Korfmann einige Überlegungen angestellt, ausgehend von der Schussentfernung dieser Waffe, »die im üblichen Kriegsalltag bei hundert Metern und etwas mehr lag; der gezielte Schuß erfolgte aber bei weit geringeren Distanzen – etwa bei dreißig bis siebzig Metern. Somit war der auf einem Sporn gelegene Burgbereich von Troia VI oder VII von der Niederung aus nicht durch die Bogenwaffe gefährdet. Als hypothetische Erklärung für die Abwesenheit der Fernwaffen im Burgbereich bleibt, daß man auf dem Landrücken nicht ohne weiteres zum Fuß der Burg gelangen konnte. Wenn außerhalb vor ihr eine Siedlung lag, dann hätte diese die Burg vor Direktangriffen mit Fernwaffen bewahrt, sozusagen eine Pufferfunktion gehabt.«

Vielleicht, so Korfmann, ist es Zufall, vielleicht auch nicht, dass bei einer kleinen Sondage in der Untersiedlung eine typische Bronzepfeilspitze in einer späten Troia VI-Schicht gefunden wurde. Auf jeden Fall bildete die Unterstadt ein künstliches Annäherungshindernis vor der Akropolis, die ein Anrennen gegen die mächtigen Festungsmauern zu einem schier unmöglichen Unterfangen machen konnte. Es bleibt jedem frei, sich vorzustellen, wie in den Straßen vor dem Südtor der Burg die Kämpfe um Troia VI oder VIIa tobten, wo die Entscheidung fiel und vielleicht zur Kapitulation führte, so dass vor den Toren der Paläste kein Gemetzel mehr stattfand. Außerdem muss davon ausgegangen werden, dass die Überlebenden die Toten von den Straßen bargen, sie bestatteten und deren Waffen einsammelten. Selbst zerstörte Schwerter waren wertvoll, konnte das Metall doch eingeschmolzen und wiederverwendet werden. Spuren von Kämpfen in den Abschnitten vor den Toren oder Mauern zu finden wäre Zufall. Zu nah unter der Oberfläche liegen die Schichten, und zu gründlich haben die Römer die Fundamente ihrer Häuser in Ilium im Boden gegründet.

Selbst wenn sich die Erdbebentheorie doch noch bewahrheiten sollte, so wäre eine kriegerische Eroberung von Troia VI noch immer nicht von der Hand zu weisen. Auch wenn es spekulativ klingt: Wäre es nicht denkbar, dass die Festung an den Dardanellen – wie lange auch immer – erfolglos belagert wurde, und dass ein unvorhergesehenes Erdbeben sie dem Feind preisgab zur Plünderung? In einem solchen, von Naturgewalten entschiedenen Krieg hätte dann das Troianische Pferd als Metapher für den Erderschütterer Poseidon eine ganz neue Bedeutung. Es wäre dann Sinnbild für einen Sieg, der nicht durch eigene militärische Überlegenheit, sondern durch das Walten der Götter errungen worden wäre.

Ob diese Belagerer mykenische Griechen aus Achaia/Ahhijawa waren oder nicht, muss dahingestellt bleiben. Und natürlich fehlen bislang alle Beweise für die letztgenannte Erklärung des Untergangs von Troia VI. Nachdem aber in den letzten Jahren so viele offene Fragen geklärt werden konnten und unser Bild der Festung an den Dardanellen immer deutlichere Konturen erhalten hat, darf man durchaus die Hoffnung hegen, dass in den nächsten Jahren die Unklarheiten um das Ende von Troia VI und VIIa beiseite geräumt werden können. Ob dann mykenische Griechen als Eroberer von Troia identifiziert werden, bleibt abzuwarten. Große Hoffnungen sollte man sich ehrlicherweise nicht machen.

Aber dass die Herren der mykenischen Burgen eine solche Unternehmung hätten ins Werk setzen können und dass sie mit Blick auf die Handelswege und ihre damit zusammenhängenden Interessen auch allen Grund gehabt hätten: daran wird wohl niemand mehr zweifeln wollen.

Die Zukunft Troias

Über die Jahrtausende hinweg ist die Erinnerung an Troia am Leben erhalten worden, an den mit diesem Ort verknüpften Mythos. Seine Wirkungen auf die abendländische Kultur sind vielfältig. Überdauert haben der Hügel Hisarlik mit seinen Resten untergegangener Siedlungen und die Landschaft Troas, in der die *Ilias* spielt. Diese Kulturlandschaft ist ein wertvolles Erbe der Menschheit, das selbstverständlich sorgfältigster Pflege bedarf. Während vieler Jahrzehnte war dieses hundertfünfzig Quadratkilometer große Kleinod, seine Gezahlreichen Kulturdenkmäler aus der Antike bis in die Gegenwart und seine seltene Flora und Fauna von Industrie und Tourismus verschont geblieben – sie war militärisches Sperrgebiet.

Aber nachdem sich das Militär 1993 zurückzog, drohten Bodenspekulanten und Industrie diese einmalige Landschaft mit Campingplätzen, Ferienhäusern und Hotels sowie mit industriellen Großanlagen zu vernichten. So muss es als ein großes Glück gelten, dass Troia und die Troas am 30. September 1996 endlich zum Nationalpark erklärt wurden. Und 1998 schließlich wurde Troia von der UNESCO zum Weltkulturerbe erklärt. Damit ist die unmittelbare Bedrohung der mehr als sechzig Denkmäler in diesem etwa zwölf mal zwölf Kilometer messenden Gebiet, zu denen auch Friedhöfe osmanischer Zeit gehören und nicht zuletzt die Zeugnisse moderner Kriegsmaschinerie aus der Gallipoli-Schlacht an den Dardanellen – sie kostete 1915 mehr als 200000 Menschen das Leben – abgewendet.

So mag auch der große Wunsch Manfred Korfmanns und seiner Mitarbeiter in Erfüllung gehen können, dass sich auf allen Ebenen zwischenmenschlicher und zwischenstaatlicher Beziehungen in dieser Stadt, die geradezu ein Synonym für Krieg ist, sich etwas entwickelt, »das man dermaleinst als einen ›Troianischen Frieden‹ wird bezeichnen können«. Die Grundlagen dazu haben die neuen »Troianer« bereits geschaffen.

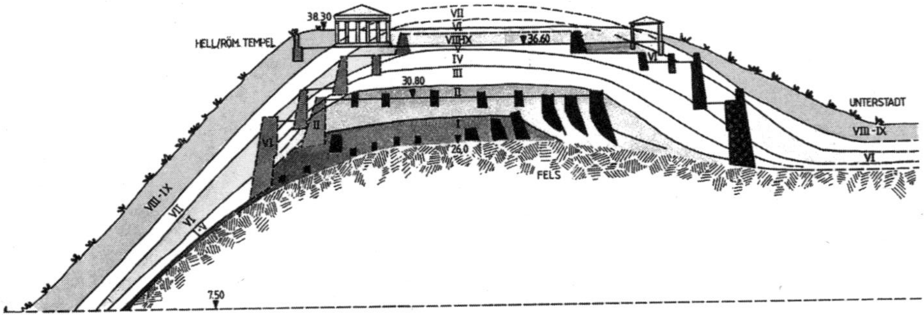

Schematischer Schnitt durch den Hügel von Hisarlik mit den neun Siedlungsschichten
© Universität Tübingen, Troia-Projekt

Die Chronologie der Siedlungsschichten in Troia

Die angegebenen Datierungen sind verständlicherweise Annäherungswerte. Als Quelle für die Datierungen dienen die Ergebnisse der Ausgrabungen unter der Leitung von Manfred Korfmann (bis zur Kampagne im Jahr 2000).

Maritime Troia-Kultur

Troia I	2920–2450 v. Chr.
Troia II	2600–2350 v. Chr.
Troia III	2350–2200 v. Chr.

Anatolische Troia-Kultur

Troia IV	2200–1900 v. Chr.
Troia V	1900–1700 v. Chr.

Troianische Hochkultur

Troia VI	1700–1300/1250 v. Chr.
Troia VIIa	1300/1250 – um 1200 v. Chr.

Durch neue Kulturelemente geprägte Troia-Kultur

Troia VIIb1 – VIIb3	um 1200–950 v. Chr.

(Danach wird Troia vermutlich für gut 250 Jahre verlassen)

Griechische Zeit (= Ilion)

Troia VIII	700–85 v. Chr.

Römische Zeit (= Ilium)

Troia IX	85 v. Chr. – 500 n. Chr.

Byzantinische Zeit (= Ilion)

Troia X	13./14. Jh. n. Chr.

Literaturhinweise

Die angegebene Literatur ist eine eng begrenzte Auswahl aus der schier unübersehbaren Anzahl von kleinen und großen, bedeutenden und unbedeutenden Publikationen zum Thema. Bei der Auswahl wurde vor allem Wert gelegt auf solche Titel, deren Literaturangaben dem neugierig gewordenen Leser helfen, sich dem Thema und den damit verbundenen Problemen weiter zu nähern. Wer den Ariadnefaden im Labyrinth der Veröffentlichungen einmal aufgenommen hat, wird sich dort schnell zurechtfinden.

Homer-Übersetzungen (Auswahl)

Homerische Hymnen. Griech./dt. Übers. von Anton Weiher. München/Zürich: Artemis-Verlag, 1989.
Ilias/Odyssee. Übers. von Johann Heinrich Voß. München: Winkler, [18]1987.
Ilias. Übers. von Roland Hampe. Stuttgart: Reclam, 1979 [u. ö.].
Ilias. Griech.-dt. Übers. von Hans Rupé und V. Stegemann. München/Zürich: Artemis-Verlag, [10]1994.
Ilias. Übers. von Wolfgang Schadewaldt. Frankfurt a. M.: Insel-Verlag, 1997.
Odyssee. Übers. von Roland Hampe. Stuttgart: Reclam, 1979 [u. ö.].
Odyssee. Griech.-dt. Übers. von Anton Weiher. München/Zürich: Artemis-Verlag, [10]1994.

Die Hauptwerke Heinrich Schliemanns

Reise durch China und Japan im Jahre 1865. Übers. aus dem Frz. von Franz Georg Brustgi. Konstanz: Rosgarten-Verlag, 1984. – Das Original erschien unter dem Titel *La Chine et le Japon au temps présent*, Paris: Librairie Centrale, 1867.
Ithaka, der Peloponnes und Troja. Archäologische Forschungen. Leipzig: Giesecke & Devrient, 1869. – Reprogr. Nachdr. Darmstadt: Wissenschaftliche Buchgesellschaft, 1973.

Trojanische Alterthümer. Bericht über die Ausgrabungen in Troja; ein Textband und ein Atlasband. Leipzig: F. A. Brockhaus, 1874. – Eine Neuauflage des Textbandes mit ausgewählten Tafeln erschien München/Zürich: Artemis-Verlag, 1990.

Mykenae. Bericht über meine Forschungen und Entdeckungen in Mykenae und Tiryns. Leipzig: F. A. Brockhaus, 1878. – Reprogr. Nachdr. Darmstadt: Wissenschaftliche Buchgesellschaft, 1973.

Ilios. Stadt und Land der Trojaner. Forschungen und Entdeckungen in der Troas und besonders auf der Baustelle von Troja. Mit einer Selbstbiographie des Verfassers. Leipzig: F. A. Brockhaus, 1881.

Orchomenos. Bericht über meine Ausgrabungen im Böotischen Orchomenos. Leipzig: F. A. Brockhaus, 1881.

Troja. Ergebnisse meiner neuesten Ausgrabungen auf der Baustelle von Troja, in den Heldengräbern, Bunarbaschi und andern Orten der Troas im Jahre 1882. Leipzig: F. A. Brockhaus, 1884. – Reprogr. Nachdr. Dortmund: Harenberg, ^{2}1987.

Tiryns. Der prähistorische Palast der Könige von Tiryns. Ergebnisse der neuesten Ausgrabungen. Leipzig: F. A. Brockhaus, 1886.

Bericht über die Ausgrabungen in Troja im Jahre 1890. Postum erschienen mit einem Vorwort von Sophia Schliemann. Leipzig: F. A. Brockhaus, 1891.

Heinrich Schliemann's Selbstbiographie. Bis zu seinem Tode vervollständigt [von Alfred Brückner]. Hrsg. von Sophia Schliemann. Leipzig: F. A. Brockhaus, 1892. – Neubearb. von Ernst Meyer. Wiesbaden: F. A. Brockhaus, ^{3}1955.

Briefe von Heinrich Schliemann. Hrsg. von Ernst Meyer. Berlin/Leipzig: de Gruyter, 1936.

Briefwechsel. Hrsg. von Ernst Meyer. Bd. 1: 1842–1875. Bd. 2: 1876–1890. Berlin: Gebr. Mann, 1953–58.

Allgemeine Literatur

Grundlegend für jede Beschäftigung mit den neuen Ausgrabungen in Troia sind die jährlich erscheinenden *Studia Troica*. Dieses wissenschaftliche Jahrbuch ist das offizielle Forum der Troiaforschung unter der Leitung von Manfred Korfmann. Bisher erschienen sind Bd. 1–10 (Mainz 1990–2000).

Archäologisches Landesmuseum Baden-Württemberg u. a. (Hrsg.): Troia. Traum und Wirklichkeit. Stuttgart 2001.

Bannert, H.: Homer. Hamburg 1979.

Bass, G. F.: Oldest Known Shipwreck Reveals Splendors of the Bronze Age. In: National Geographic 172 (Dezember 1987) H. 6. S. 693–733.

– Das Wrack von Ulu Burun. In: GEO 1 (Hamburg 1989) S. 84–98.

Bilder und Bücher um Homer und Troia. Von der Ilias Ambrosiana zu Heinrich Schliemann. Ausstellungskatalog Museum Altenessen. Essen 1991.

Blegen, C.W.: Troy and the Trojans. New York 1963.

Blome, P.: Die dunklen Jahrhunderte – aufgehellt. In: Latacz, J. (Hrsg.): Zweihundert Jahre Homer-Forschung. Rückblick und Ausblick. Colloquium Rauricum. Bd. 2. Stuttgart/Leipzig 1991. S. 45–60.

Brandau, B.: Troia – Eine Stadt und ihr Mythos. Die neuesten Entdeckungen, Bergisch Gladbach 1997. – Aktualisierte Neuaufl. als Taschenbuchausgabe 1999.

Buchholz, H.-G.: Die archäologische Forschung im Zusammenhang mit Homer. In: Latacz, J. (Hrsg.): Zweihundert Jahre Homer-Forschung. Rückblick und Ausblick. Colloquium Rauricum. Bd. 2. Stuttgart/Leipzig 1991. S. 11–44.

Burkert, W.: Homerstudien und Orient. In: Latacz, J. (Hrsg.): Zweihundert Jahre Homer-Forschung. Rückblick und Ausblick. Colloquium Rauricum. Bd. 2. Stuttgart/Leipzig 1991. S. 155–181.

Calder III, W. M. / Cobet, J. (Hrsg.): Heinrich Schliemann nach hundert Jahren. Symposium in der Werner-Reimers-Stiftung Bad Homburg. Frankfurt a. M. 1990.

Chadwick, J.: Die mykenische Welt. Stuttgart 1979.

Cobet, J.: Heinrich Schliemann. Archäologe und Abenteurer. München 1997.

–/Patzek, B. (Hrsg.): Archäologie und historische Erinnerung. Nach 100 Jahren Heinrich Schliemann. Koblenz 1992.

Coldstream, J. N.: Geometric Greece. London 1977.

Cook, J. M.: The Troad. Oxford 1973.

Deger-Jalkotzy, S.: Die Erforschung des Zusammenbruchs der sogenannten mykenischen Kultur und der sogenannten dunklen Jahrhunderte. In: Latacz, J. (Hrsg.): Zweihundert Jahre Homer-Forschung. Rückblick und Ausblick. Colloquium Rauricum. Bd. 2. Stuttgart/Leipzig 1991. S. 127–154.

Der Schatz aus Troja. Schliemann und der Mythos des Priamos-Goldes. Katalogbuch zur Ausstellung in Moskau 1996/97. Stuttgart/Zürich 1996.

Deuel, L.: Heinrich Schliemann. Eine Biographie mit Selbstzeugnissen und Bilddokumenten. München 1979. – Neuaufl. Frankfurt a. M. 1981.

Döhl, H.: Heinrich Schliemann. Mythos und Ärgernis. München/Luzern 1981.

Dörpfeld, W.: Troja und Ilion. Ergebnisse der Ausgrabungen in den vorhistorischen und historischen Schichten von Ilion 1870–1894. Berlin 1902.

Finley, M. I.: Die Welt des Odysseus. München 1979.

– Die frühe griechische Welt. München 1982.

Finsler, G.: Homer in der Neuzeit. Nachdruck der Ausgabe von 1912. Hildesheim 1973.

Gamer, G.: Frank Calvert, ein Vorläufer Schliemanns? In: Gamer-Wallert, I. (Hrsg.): Troia. Brücke zwischen Orient und Okzident. Tübingen 1992. S. 34–50.

Gamer-Wallert, I. (Hrsg.): Troia. Brücke zwischen Orient und Okzident. Tübingen 1992.

Giovannini, A.: Homer und seine Welt. In: Heidelberger Althistorische Beiträge und Epigraphische Studien. Bd. 6. Wiesbaden 1989. S. 25–39.

Goldmann, K. / Schneider, W.: Das Gold des Priamos. Geschichte einer Odyssee. Leipzig 1995.

Goldmann, K. / Wermusch, G.: Vernichtet – Verschollen – Vermarktet. Kunstschätze im Visier von Politik und Geschäft. Asendorf 1992.

Gschnitzer, F.: Zur homerischen Staats- und Gesellschaftsordnung. Grundcharakter und geschichtliche Stellung. In: Latacz, J. (Hrsg.): Zweihundert Jahre Homer-Forschung. Rückblick und Ausblick. Colloquium Rauricum. Bd. 2. Stuttgart/Leipzig 1991. S. 182–204.

Hachmann, R.: Hissarlik und das Troja Homers. In: Bittel, K. / Ernst, H. / Hrouda, B. / Nagel, W. (Hrsg.): Vorderasiatische Archäologie. Fs. für Anton Moortgat. Berlin 1964. S. 95–112.

Hawkins, J. D.: Karabel, »Tarkondemos« and the Land of Mira. New Evidence on the Hittite Empire Period in Western Anatolia. In: Würzburger Jahrbücher für die Altertumswissenschaft N. F. 23 (1999) S. 7–14.

Hawkins, J. D. / Easton, D. F.: A Hieroglyphic Seal from Troia. In: Studia Troica 6 (1996) S. 111–118.
Helck, W.: Die Beziehungen Ägyptens und Vorderasiens zur Ägäis bis ins 7. Jahrhundert v. Chr. Darmstadt 1979.
Heubeck, A.: Die Homerische Frage. Darmstadt 1988.
Hölscher, U.: Die Odyssee. Epos zwischen Märchen und Roman. München 1988.
– Zur Erforschung der Strukturen in der Odyssee. In: Latacz, J. (Hrsg.): Zweihundert Jahre Homer-Forschung. Rückblick und Ausblick. Colloquium Rauricum. Bd. 2. Stuttgart/Leipzig 1991. S. 415–422.
Korfmann, M.: Das homerische Troia war größer – Ergebnisse der Grabungen 1988–96. In: Troia. Mythen und Archäologie. Grazer Morgenländische Studien. Graz, 1997. S. 67–95.
– Hisarlik und das Troia Homers – Ein Beispiel zur kontroversen Einschätzung der Möglichkeiten der Archäologie. In: Festschrift für Wolfgang Röllig. Neukirchen/Vluyn 1997. S. 171–184.
– Homers Troja aus der Sicht des Ausgräbers (autorisierte Hörermitschrift). In: Perspektiven eines zeitgemäßen Humanismus. Klagenfurt 1998. S. 103–124.
– Zusammenfassung des Kolloquiumsbeitrages und des Vortrages »Homer als Zeitzeuge für die Ruinen von Troia im 8. Jahrhundert v. u. Z.«. In: Würzburger Jahrbücher für die Altertumswissenschaft N. F. 23 (1999) S. 35–42.
– Der »Schatz A« und seine Fundsituation. Bemerkungen zum historischen und chronologischen Umfeld des »Schatzfundhorizontes« in Troia. In: Beiträge zur Vorderasiatischen Archäologie. Fs. Winfried Orthmann. Frankfurt a. M. 2000. S. 214–237.
– Homers Troia: Griechischer Außenposten oder hethitischer Vasall? In: Spektrum der Wissenschaft 7 (2000) S. 64–70.
–/Mannsperger, D.: Troia. Ein historischer Überblick und Rundgang. Stuttgart 1998.
Latacz, J.: Homer. Der erste Dichter des Abendlandes. München/Zürich ²1989.
– (Hrsg.): Zweihundert Jahre Homer-Forschung. Rückblick und Ausblick. Colloquium Rauricum. Bd. 2. Stuttgart/Leipzig 1991.
– Troia und Homer. Neue Erkenntnisse und neue Perspektiven. In: Troia. Mythen und Archäologie. Grazer Morgenländische Studien. Graz 1997. S. 1–42.
– In: Der Neue Pauly. Enzyklopädie der Antike. Bd. 3 [s. v. Epischer

Zyklus]. Stuttgart/Weimar 1997. – Bd. 4 [s. v. Epos]. Stuttgart/Weimar 1998. – Bd. 5 [s. v. Homeros]. Stuttgart/Weimar 1998.
Latacz, J.: Troia und Homer. Die Lösung eines uralten Problems. München/Stuttgart 2001.
Lehmann, G. A.: Die »politisch-historischen« Beziehungen der Ägäis-Welt des 15.–13. Jhs. v. Chr. zu Ägypten und Vorderasien. In: Latacz, J. (Hrsg.): Zweihundert Jahre Homer-Forschung. Rückblick und Ausblick. Colloquium Rauricum. Bd. 2. Stuttgart/Leipzig 1991. S. 105–126.
Lesky, A.: Homeros. Stuttgart 1967.
Luce, J. V.: Archäologie auf den Spuren Homers. Bergisch Gladbach 1975.
– Die Landschaften Homers. Stuttgart 2000.
Mellink, M. (Hrsg.): Troy and the Trojan War. A Symposium Held At Bryn Mawr College. October 1984. Bryn Mawr PA 1986.
Neumann, G.: Troia in Darstellungen der neuzeitlichen Reiseliteratur. In: Gamer-Wallert, I. (Hrsg.): Troia. Brücke zwischen Orient und Okzident. Tübingen 1992. S. 264–285.
– Wie haben die Troer im 13. Jahrhundert gesprochen? In: Würzburger Jahrbücher für die Altertumswissenschaft N. F. 23 (1999) S. 15–24.
Pöhlmann, E.: Homer, Mykene und Troia. Probleme und Aspekte. In: Studia Troica 2 (1992) S. 187–200.
– Die Topographie der Troas in der Ilias: Fiktion und Realität. In: Würzburger Jahrbücher für die Altertumswissenschaft N. F. 23 (1999) S. 25–34.
Raaflaub, K. A.: Homer und die Geschichte des 8. Jh.s v. Chr. In: Latacz, J. (Hrsg.): Zweihundert Jahre Homer-Forschung. Rückblick und Ausblick. Colloquium Rauricum. Bd. 2. Stuttgart/Leipzig 1991. S. 205–256.
Robinson, M.: Frank Calvert and the Discovery of Troia. In: Studia Troica 5 (1995) S. 323–342.
Röllig, W.: Achäer und Troianer in hethitischen Quellen? In: Gamer-Wallert, I. (Hrsg.): Troia. Brücke zwischen Orient und Okzident. Tübingen 1992. S. 183–200.
Rubens, B. / Taplin, O.: An Odyssey Around Odysseus. London 1989.
Schachermeyr, F.: Griechenland im Zeitalter der Wanderungen. Vom Ende der mykenischen Ära bis auf die Dorier. Wien 1980. (Die Ägäische Frühzeit. 4.)

Schachermeyr, F.: Die Levante im Zeitalter der Wanderungen. Vom 13. bis zum 11. Jahrhundert v. Chr. Wien 1982. (Die Ägäische Frühzeit. 5.)

Schefold, K.: Die Bedeutung der Kunstgeschichte für die Datierung der frühgriechischen Epik. In: Latacz, J. (Hrsg.): Zweihundert Jahre Homer-Forschung. Rückblick und Ausblick. Colloquium Rauricum. Bd. 2. Stuttgart/Leipzig 1991. S. 513–526.

Schliemanns Troia. Ausstellungskatalog. Essen/Krefeld 1991.

Siebler, M.: Troia – Homer – Schliemann. Mythos und Wahrheit. Mainz 1990.

– Troia. Geschichte, Grabungen, Kontroversen. Mainz 1994.

Starke, F.: Troia im Kontext des historisch-politischen und sprachlichen Umfeldes Kleinasiens im 2. Jahrtausend. In: Studia Troica 7 (1997) S. 447–487.

Troia – Mykene – Tiryns – Orchomenos. Heinrich Schliemann zum 100. Todestag. Kataloghandbuch. Athen 1990.

Troia – Traum und Wirklichkeit. Ausstellungskatalog Stuttgart, Braunschweig, Bonn 2001–2002. Stuttgart 2001.

Troja. Heinrich Schliemanns Ausgrabungen und Funde. Ausstellungskatalog des Museums für Vor- und Frühgeschichte Preußischer Kulturbesitz und der Berliner Gesellschaft für Anthropologie, Ethnologie und Urgeschichte. Berlin 1982.

Wohlleben, J.: Die Sonne Homers. Zehn Kapitel deutscher Homer-Begeisterung von Winckelmann bis Schliemann. Göttingen 1990.

Wood, M.: Der Krieg um Troja. Frankfurt 1985.

Personenregister

Achilleus 12, 17, 35, 37, 38, 39, 49, 50, 53, 102, 105, 127, 133, 135, 167
Grabmal des 36, 37, 46
Aeneas 38, 41, 43, 47, 171
Agamemnon 12, 43, 72, 93, 116, 125, 128, 139
Aias 50, 105, 127
Aigisthos 128
Aischylos 96
Akinsha, Konstantin 85
Alaksandu 166, 167
Alexander der Große 34, 35, 36, 108
Alkaios 96
Alyattes (König) 91
Amenophis III. 138
Anchises 38, 41
Antimachos von Kolophon 108
Antonowa, Irina 85
Antiochos III. 39
Apaliunas *s.* Apulunas
Aphrodite 41
Apollon 112, 166
Apulunas 166
Archilochos 96, 121
Ares 97
Aristarchos von Samothrake 109, 113f.
Aristophanes von Byzanz 108, 109
Aristoteles 35, 92, 108, 113
Arrian 36
Artaxerxes II. 12
Askanios 38
Athena 26, 32, 34, 35, 36, 41, 46
Atreus, Schatzhaus des 137
Augustus (Kaiser) 37, 38, 40, 42, 43, 44, 47

Bittel, Kurt 175
Blegen, Carl William 14, 23, 144, 155, 156, 164, 168, 173, 174, 178, 180
Bracheux, Peter von 49
Brückner, Alfred 155
Byron, George Gordon Noel, Lord 57

Caesar, Gaius Iulius 40, 41, 42, 43, 45, 47
Calvert, Frank 57, 58, 72
Calvert, Frederic 72
Caracalla (Kaiser) 45
Caxton, William 52
Chadwick, John 101
Chalkondyles, Demetrios 51
Chaucer, Geoffrey 52
Choiseul-Gouffier, Marie-Gabriel A. F. 53f., 56
Chrysoloras, Manuel 51
Cicero 106
Clark, Edward Daniel 54
Claudius (Kaiser) 44
Cook, John M. 37
Conze, Werner 80
Cripps, John Martin 54
Curtius, Ernst 56
Cyriac von Ancona 50

Dareios 34
Deger-Jalkotzy, Sigrid 176
Demetrios von Skepsis 56
Demodokos 95
Didymos von Alexandria 109
Dörpfeld, Wilhelm 13, 14, 23, 25, 26, 61, 64, 65, 128, 144, 155, 156, 157, 173, 174, 178, 179
Douris von Samos 12
Droysen, Gustav 64

Easton, Donald F. 65
Ephoros von Kyme 12
Eratosthenes von Kyrene 12
Evans, Arthur 118

Fimbria, Flavius 25, 43
Finley, Moses I. 174
Flamininus, Titus Quinctius 39
Fredegar 48

Gamer, Gustav 58
Glaukon 107
Götze, Alfred 155
Goldmann, Klaus 84
Güterbock, Hans G. 138

Hachmann, Rolf 168, 169
Hadrian (Kaiser) 45, 147, 148
Hahn, Johann Georg von 54, 56
Hampe, Roland 103, 116, 175
Hampl, Franz 174
Harpalion 97
Hattusili III. (Großkönig) 142
Heinrich III. (Kaiser) 49
Hektor 12, 17, 44, 45, 49, 50, 127, 135, 167
Helena 12, 67
Hellanikos 110
Herakles 40
Hermann II. (Erzbischof) 49
Herodot von Halikarnassos 12, 34, 37, 54, 90, 110, 112
Hesiod von Askra 90, 112, 121
Hölscher, Uvo 100, 175
Homer 7, 9, 10–15, 17, 18, 31, 32, 33, 50–55, 66, 67, 72, 87–114, 119, 123–136, 138, 139, 163, 164, 166, 167, 168, 172, 174, 175, 177, 178
Horaz 97

Ibsen, Henrik 60
Ilos 40
Ion 107
Iulian Apostata (Kaiser) 46
Iulus *s.* Askanios
Iupiter *s.* Zeus

Josephus 90

KASKAL.KUR 166, 167
Kassandra 32
Klytaimnestra 93, 128
Konstantin der Große 45, 46, 54
Korfmann, Manfred 7, 15, 16, 17, 23, 26, 36, 65, 76, 77, 133, 143–146, 151, 152, 155, 156, 157, 160–168, 170, 175, 180, 184, 187
Ktesias von Knidos 12
Kumanudes, Stephanos 69

Laokoon 112
Laomedon 40
Latacz, Joachim 8, 11, 19, 28, 93, 99, 103, 111, 121, 124, 134, 175, 177

Leaf, Walter 64
Lechevalier, Jean-Baptiste 54, 55, 56
Lesky, Albin 109, 114
Livius 40

Maclaren, Charles 54
Mehmed II. 50
Menelaos 67, 93, 130
Metrodoros von Lampsakos 107
Molos 130
Moltke, Helmuth Graf von 56
Mommsen, Theodor 92
Muwatalli II. (Großkönig) 141

Neoptolemos 36
Nero (Kaiser) 44
Nestor 70, 105, 128, 129, 132
  Becher des 103, 104
Neumann, Gerhard 51
Newton, Charles 57

Odysseus 12, 94, 99, 111 f., 115, 116, 130
Onesikritos 108

Paris 12, 35, 67, 112
Parry, Milman 115, 120
Patroklos 12, 35, 37, 45, 127, 133
Pausanias 138
Pegasios (Bischof) 46
Penelope 94, 100, 132
Perikles 24
Petrarca 50
Pijamaradu 142
Pilato, Leonzio 51
Pindar 96, 138
Platon 107
Plutarch 35, 39
Polyphem 99
Poseidon 40, 50, 182
Priamos 9, 34, 36, 40, 67
  Palast des 61, 68
  Schatz des 61, 65, 68–81
Proteus 120
Ptolemaios VII. 113
Pylaímenes 97
Pyrrhos von Epirus 38

Revett, Nicholas 52

Saewulf 49
Schachermeyr, Fritz 175
Schadewaldt, Wolfgang 175
Schedel, Hartmann 52
Schiltberger, Hans 49
Schliemann, Heinrich 7, 8, 9, 10, 11, 13, 16, 18, 23, 25, 26, 37, 54, 55–86, 87, 128, 144, 145, 146, 155, 166, 173, 179
Schliemann, Sophia 70, 71, 76, 80
Scipio, Lucius Cornelius 40
Seleukos II. Kallinikos 44
Semonides von Amorgos 88
Seneca d. J. 109
Shakespeare, William 52
Skylla 99
Sokrates 107
Starke, Frank 141
Stephanos von Byzanz 26
Stesimbrotos von Thasos 107
Strabon 37, 43
Stuart, James 52
Sueton 41, 44

Telemachos 94
Theoderich der Große 48
Thukydides 32, 33, 34, 88
Thutmosis III. 138
Tudhalija I. (Großkönig) 142
Tudhalija IV. (Großkönig) 142

Unverzagt, Wilhelm 82

Ventris, Michael 14 f., 120
Venus *s.* Aphrodite
Vergil 12, 38, 42, 98, 99
Virchow, Rudolf 64, 79

Wilamowitz-Moellendorf, Ulrich von 63, 92, 173
Wilhelm I. (Kaiser) 79
Wolf, Friedrich August 13, 97, 98, 99
Wood, Robert 53

Xenon 110
Xenophon 104
Xerxes 34

Zeus 36, 43

Universal-Bibliothek

Troia, Homer, Schliemann: Seit über 130 Jahren steht diese Trias für den wohl wirkungsmächtigsten Mythos des europäischen Abendlandes. Archäologie zeigt sich hier (auch) von ihrer abenteuerlichen Seite. Die jüngsten Grabungen unter Leitung von Manfred Korfmann haben zudem unser Troia-Bild stark verändert.
Michael Siebler liefert nicht nur alle relevanten archäologischen Informationen, sondern erörtert auch das große Thema »Homer« von der Antike bis heute in all seinen Aspekten.
Ein Vademecum für jeden Troia-Fan.

ISBN 3-15-018130-5

9 783150 181300

€ [D] 4,60